本书系云南师范大学教育学一流学科建设成果

教育游戏核心机制研究

从游戏成瘾到吸引力模型

邓鹏 著

中国社会科学出版社

图书在版编目（CIP）数据

教育游戏核心机制研究：从游戏成瘾到吸引力模型／
邓鹏著. -- 北京：中国社会科学出版社，2025. 8.
（教育与社会丛书）. -- ISBN 978-7-5227-5065-1

Ⅰ. G442
中国国家版本馆 CIP 数据核字第 2025AS2644 号

出 版 人	季为民	
责任编辑	耿晓明	
责任校对	李 军	
责任印制	李寡寡	

出 版	中国社会科学出版社	
社 址	北京鼓楼西大街甲 158 号	
邮 编	100720	
网 址	http://www.csspw.cn	
发 行 部	010-84083685	
门 市 部	010-84029450	
经 销	新华书店及其他书店	

印 刷	北京君升印刷有限公司	
装 订	廊坊市广阳区广增装订厂	
版 次	2025 年 8 月第 1 版	
印 次	2025 年 8 月第 1 次印刷	

开 本	710×1000 1/16	
印 张	13	
插 页	2	
字 数	203 千字	
定 价	68.00 元	

凡购买中国社会科学出版社图书，如有质量问题请与本社营销中心联系调换
电话：010-84083683

目录 contents

第一章

绪　　论

通其变，天下无弊法。

——王通《中说》

第一节　选题背景

一　智能时代的浪潮

2022 年底美国 OpenAI 公司发布了 ChatGPT，初步展现出人工智能（Artificial Intelligence，AI）较为熟练地运用自然语言与人类沟通的能力，其即将推出的 GPT5 预计将在多模态和推理能力方面进一步提升；2023 年至今，xAI 公司研发的混合专家大模型 Grok 系列不断迭代，其多模态和逻辑推理能力持续增强且坚持开源；2025 年 2 月中国的"深度求索"公司推出 DeepSeek，其更加"人性化"的"深度思考"和推理能力，以及同样秉持的开源理念和极低的训练成本，则标志着人类社会正在进入人人用得起的开放性的智能经济时代。

人工智能、移动互联、虚拟/增强现实（VR/AR）、在线购物、网络电子游戏和在线视听等数字技术和新兴商业模式的迅猛发展，不但使数字娱乐产业近年来在全球范围内稳步增长，交互式动漫、Cosplay、小视频制作和电子游戏设计等数字化新兴娱乐方式的创作门槛也急剧降低，其生产的方式、内容、效果则得到极大提升和丰富。在 B 站、抖音、小红书和微信视频等平台已经出现了越来越多的个人博主利用 AI 创作的、效果不错的小视频甚至系列短剧。这种低成本、短平快又贴近用户的创作方式无疑将进一步吸引更多喜欢轻松、新鲜的娱乐方式和希望自己的诉求被重视和反馈的年轻用户进行互动和消费，而他们的喜爱和热情反过来又会进一步激发作者的创作动力。不难看出，这种新鲜快捷、互动充分，其创作和消费呈现分布化的娱乐方式正在演化为一种全新的休闲和经济生态，而青少年将是其最大的用户群体。

在我国网络游戏消费也是逐年递增，2020 年增至人均 419.08 元，游戏产业市场规模同比增速 20% 以上，2021 年，游戏产业市场实际销售收入 2965.13 亿元，同比增长 6.4%；截至 2022 年 12 月，游戏用户 6.64 亿人，市场规模下滑为 2658.84 亿元；到 2023 年，游戏用户规模 6.68 亿人，同比增长 0.61%，为历史新高点[①]。自有统计数据的 2001 年开始到 2023 年，国内网络游戏的市场规模则从 3 亿多元上升到 4150 亿元，规模增长了上千倍。

不难看出，随着近年来人工智能技术的勃兴和加持，交互式动漫、Cosplay、小视频制作和电子游戏设计等数字或新兴娱乐方式的创作门槛急剧降低，生产方式和内容，产品的效率和效果则极大提升和丰富。实际上，B 站、抖音、小红书和微信视频等平台已经出现了越来越多的个人博主利用 AI 创作的、效果不错的小视频甚至系列短剧。这种低成本、短平快又贴近用户的创作方式无疑将进一步吸引更多喜欢轻松、新鲜娱乐方式和希望自己的诉求被重视和反馈的年轻用户进行互动和消费，而他们的喜爱和热情反过来又会进一步激发作者的创作动力，可以预料，这种新鲜快捷、互动充分，其创作和消费呈现分布化的娱乐方式正在演化为一种全新的休闲和经济生态，而青少年将是其最大用户群体。

必须指出，在带给人们丰富体验与乐趣的同时，智能与数字技术也不可避免地引发了众多新型社会和教育问题，使得判断和自控能力较弱的青

---

① 中国音数协游戏工委：《2020—2023 年中国游戏产业报告》，微信公众号"中国音数协游戏工委"，2023 年 12 月。

少年更易受到伤害。教育者固然对此痛心疾首，但由于缺少对电子游戏和严肃学习之相互关系和影响的深入研究，对其认识不免偏颇，批评和议论往往言不中的，因此在具体而鲜活生动的动漫、游戏和小视频面前，家长和教师们出于"为你好"的道德说教难免显得空洞乏味，甚至急功近利，久而久之将使得教育者与受教育者之间形成理解的鸿沟，感情的隔膜，而越来越难以对话。于是游戏成瘾、情色垃圾以及逐渐向真实社会蔓延的虚拟世界中的暴力、伦理和道德失范，被教育者在缺乏足够研究与反思的情况下，顺理成章地被当作数字娱乐本身所带来的一个个毒瘤而严加管禁，这往往更进一步激起青少年受众的逆反心理，愈发向往虚拟世界、寻求抱团取暖、缓解现实苦闷、逃避学业压力，直至沉迷其中，形成恶性循环。

要真正有效地解决这些问题，简单粗暴地进行各种"规定"和"禁止"，往往治标难治本，只有静下心来客观地研究以游戏为代表的数字娱乐对教育的影响和冲击，从更深刻的层面探究并剖析娱乐、教育和生活的意义及其相互关系，教育者才能为学习者提供更有价值的学习服务，帮助其更好地健康成长和迎接 AI 时代的到来。

二 教育创新的呼声

从打牌下棋到擦窗扫地、从休闲聊天到撰写文章、从基因测序到智能驾驶、从编写代码到艺术设计，AI 和机器人能做的事情越来越多，其影响力无孔不入地渗透到各个领域。曾高高在上的人类智能与理性似乎正在逐步被 AI 获得甚至超越，在使很多现有工作面临消失或重构的同时，也使人才与知识的内涵和产生方式，发生着翻天覆地的深刻变化。

2023 年智联招聘和北京大学联合发布的《AI 大模型对我国劳动力市场潜在影响研究报告》显示，"过去五年人工智能技术替代人工作业的初步趋势已经显现，人工智能影响指数高的职业发布职位数量明显减少"，传统上受人们青睐的"白领工作和知识型工作更容易被大语言模型替代"。2024 年 5 月麦肯锡全球研究院（McKinsey Global Institute）发布的报告《工作的新未来：在欧洲及其他地区部署 AI 和提高技能的竞赛》则预测了未来数年中工作市场的主要趋势和技能需求的转变。报告认为，生成式人工智能（Generative AI）将大幅提高各行业的自动化率进而推动生产力的飞跃，到 2030 年高达 30% 的当前工作时间可能会被自动化技术取代①。

基于符号系统的抽象知识和逻辑思维，一直是人类傲视其他物种的智能巅峰，人工智能的出现注定将逐渐打破这种垄断优势。如何适应智能社会发展的要求，培养出既有理性又有人性，既有终身学习能力又善于合作，既有创新精神又能解决真实问题，且身心健康乐观友善的人才，已然成了教育必须面对的核心问题和教育创新的基本方向。

概括而言，一种可行的思路是，教育内容和形式理应顺应时代潮流，其范式应当由传统的以教师和学科为中心，注重显性知识传授和获取的"遗传型教育"（大语言模型擅长的正是这类能以确定性符号表征的形式化或书面化知识），转变为以学生的学习和成长需求为中心，关注学生兴趣和经验发展，聚焦自主学习、问题解决和新知识创造能力培养的创新型和成长型教育。

自 2000 年以来，我国不断推进基础教育课程改革，上述教育目标及学习者的主观需求愈来愈受到关注。例如：在课程内容上力求"体现时代特点"，加强"与学生生活以及现代社会和科技发展的联系，关注学生的学习兴趣和经验"，从而"极大地调动学生学习的主动性和积极性"；在学习方式上则要"改变课程实施过于强调接受学习、死记硬背、机械训练的现状，倡导学生主动参与、乐于探究、勤于动手，培养学生搜集和处理信息的能力、获取新知识的能力、分析和解决问题的能力以及交流与合作的能力"②；"针对讲得多做得少，学生对科学技术缺乏内在兴趣等问题"，"强化在做中学、用中学、创中学，激发青少年好奇心、想象力、探求欲，提升学生解决实际问题的能力，发展学生科

① McKinsey Global Institute, "A New Future of Work: The Race to Deploy AI and Raise Skills in Europe and Beyond", https://www.mckinsey.com/mgi/our-research/a-new-future-of-work-the-race-to-deploy-ai-and-raise-skills-in-europe-and-beyond, 2024-11-24.

② 中华人民共和国教育部：《教育部关于印发〈基础教育课程改革纲要（试行）〉的通知》，教基〔2001〕17 号，索引号：360A06-05-2001-0015-1。

学素养"①。

由于固有思维、文化和体制惯性，传统教育范式在认识论和方法论上的演进是缓慢的。教师在教学中常常不自觉地以学科、自我，甚至分数为中心，认为"教"就是传递固定的、标签化的"客观"知识，为了快速产出和见效，甚至仅仅聚焦于训练学生高效的得分或获奖能力；"学"就是接受和再现这种知识，取得以分数为标尺的好成绩，因此教学的策略和程序就是预先确定不变且标准化的，教学的效果则应该是立竿见影的，是完全可预测和可重复的。

毋庸讳言，这种源自工业时代、基于标准化工程技术和产品思维的教学设计方法有其合理的时代背景，为工业时代的迅猛发展培养了大量人才，其积极的历史价值不言而喻。然而信息和智能技术的迅猛发展使得普通信息和符号化知识正在成为一种廉价易得的公共产品，工业时代形成的教育范式中所强调的静态的显性知识和程式化的定向技能，越来越难以适应和激发学习者的好奇心、生活经验、兴趣爱好及自我体验的需求，因此传统正规学校提供的"遗传型教育"将越来越不利于学习者的探索能力、创新精神、终身学习意识和自我成长能力的培养，其以信息和知识稀缺性为底色的传授式教学范式将逐渐被改写和颠覆。

历史一直在演进，但在世纪之交由于信息化的推动而悄然加速，社会转型变得全面而深刻。各行业传统方式的竞争日益加剧并不断向教育领域外溢，教学越来越追求短期利益，功利主义取向逐渐大行其道，近几年更"内卷"出了"刷题式教学"的"高效"方法。其目标完全聚焦于学生的分数，教学内容就是围绕考试大纲培养学生的得分能力，忽视知识或内容本身的内在逻辑关系和结构的研究，更不关心知识体系和学习者认知结构及自我经验之间的联系。于是这种长期从抽象到抽象，从课本到试卷的教育，导致越来越多深感学习乏味甚至生活意义缺失的"空心病"也就不足为奇了。

---

① 中华人民共和国教育部：《教育部办公厅关于印发〈基础教育课程教学改革深化行动方案〉的通知》，教材厅函〔2023〕3号，索引号：360A26-04-2023-0003-1。

一方面，电子游戏、小视频和在线交互等数字娱乐方式深为广大青少年喜闻乐见，近朱者赤，近墨者黑，其中所传达的信息及渗透的价值观必然会潜移默化地影响他们；而另一方面，值得注意的是，很久以前就有研究指出[①]，游戏中固然存在一些不良因素，但其对于认知及教育方面的积极影响也同样存在，例如：由于游戏过程充满乐趣与挑战，因此往往促使游戏者主动思考、积极探索、勇于创新、敢于竞争并乐于合作，而这不正是我们所呼唤的创新教育和素质教育最为宝贵的核心内涵吗？

因此，为合理看待和有效解决前述社会和教育问题，也为新的教育教学变革提供更加丰富而有力的理论依据，开创更加以人为本、与时俱进的教育实践模式和方法，创建富有魅力的、创新性体验式学习环境、助力其终身学习，从而进一步释放和开发学习者的生命乐趣和潜能，认真研究以电子游戏为代表的数字娱乐与教育的相关问题并加以合理应用，已成为教育领域一个迫切的任务和新兴的使命。

第二节　内容与框架

一　研究范围

所谓"数字娱乐"并非一个严格的概念，而是对数字化技术支持下的所有文化娱乐活动经验性的笼统称谓，其中最典型的项目大致可分为网络视听和电子游戏。网络视听主要包括经数字技术革新的传统影视、动画、漫画（后二者常被人们简洁地合称为"动漫"）、Cosplay 和自媒体小视频（含直播带货）等，目前在我国人气最旺的平台是 B 站、抖音、快手、微信、淘宝和小红书等。电子游戏则包括任天堂、微软、索尼等家用游戏机、PC 单机游戏、大型在线游戏和移动手游等。

本书不拟把对娱乐与教育的研究范围扩展至整个数字娱乐业而仅聚焦

---

① Subrahmanyam, K. , et al. , "The Impact of Computer Use on Children's and Adolescents' Development", *Applied Developmental Psychology*, Vol. 22, 2001, pp. 7-30.

于电子游戏领域，是出于以下愿景和考量：

首先，游戏成瘾是数字娱乐所带来的若干社会问题中，较具典型性与普遍性的一个，对该问题的透彻研究将为解决领域内其他相关问题提供有益的启示意义和借鉴价值；其次，电子游戏往往会创造出一个充满趣味的互动虚拟情境，从学习环境的角度而言，实际上已经初步形成具有学习目标、学习内容、学习资源、学习策略和学习评价等教学设计要素，可以针对学习者进行适应性建构和调适的某种独立学习空间，因此如果能够提炼电子游戏中蕴含的某种引人入胜的机制，将之与教育内容和方式进行有益的整合，则有可能设计出能有效提升学生学习兴趣、丰富其学习体验和促进其学习成效的教育游戏或游戏化学习环境。

在此愿景下的具体子问题主要有以下三方面：

（1）在智能和数字娱乐时代全面到来，以及教育改革与创新呼声日益高涨的社会背景中，如何在价值观和认识论的层面看待在教育中研究和利用游戏的必然性和可能性？

（2）游戏的吸引力是如何产生的？其内在规律或机制是什么？

（3）能否对之进行适当的符号化和结构化表征，形成某种在教育游戏设计中可资利用的开发模式或工具？

传统上，由于客观存在的一些现实问题，电子游戏往往被教育者视为洪水猛兽，由此而抹杀了其对于青少年可能具有的积极教育价值乃至生命体验的意义，这种做法不免常常激起受教育者的反感和叛逆；另一方面，即使一些有识之士在游戏与教育的融合方面做了一些大胆的研究和实践，但总体效果仍然不够令人信服和满意。因此本书力图博采众家之长，以一种新的视角，首先阐述智能时代寓教于乐思想的新内涵，奠定其道德论和方法论层面的合理性和积极价值；在此基础上，透彻分析游戏成瘾问题，发掘其有益机制，为人们客观看待、透彻分析和有效解决类似问题，提供一种与时俱进的思考方法和设计工具。

二　内容安排

本书从对现实问题的考察入手，上升为理论思考和模型建构，内容可分为两大部分。

（1）概念与理论分析：第一至第四章

第一章主要呈现研究的背景和缘由，指出电子游戏的发展是时代的必然，其催生的社会问题不可避免，但同时也为教育创新带来了新的机遇，由此提出本书研究主题：提炼游戏中蕴含的引人入胜的机制，用于教育游戏或游戏化学习环境的设计。

第二章首先对智能与数字时代出现的新兴问题、游戏成瘾的相关概念及其现状进行界定、分析和探讨，然后对该领域中较有影响的主要理论与实践进行综述，着重阐述"为什么要研究"和"研究什么"的问题。

第三章聚焦现有研究及成果，综合认知神经科学、心理学和社会学的研究，从生理特点、互动行为和社会环境等三个方面对导致游戏成瘾的原因进行综合分析，为进一步提炼游戏中蕴含的对玩家具有"黏性"的内在吸引力机制打下基础。

第四章主要阐述研究的基础和逻辑，剖析本研究的几个重要理论基础及其相互关系，在此基础上归纳出游戏成瘾和游戏吸引力的内在心理机制及其相互关系，进而阐明游戏吸引力可能具有的教育应用的合理性、必要性、可行性及其基本原则，为教育游戏研究奠定道德论和方法论基础。

（2）模型与工具建构：第五至第七章

在第三、四章理论综述的基础上，第五章用系统分析方法，从心理学的角度提炼心流体验要素，进行系统分析，以建构一个融合各种有益理论、能对游戏的内在吸引力进行合理解释的人机或人际信息互动框架——心流体验支持系统。

第六章进行游戏吸引力模型建构。分为两个部分，首先分析各家游戏理论，对游戏的构成要素进行融合和提炼、统合与重构，形成一个形式化的游戏结构和功能表征框架——RSTR架构；然后将第五章中的"心流体验支持系统"各要素映射到RSTR中，最终建构出揭示游戏吸引力产生和运作的核心机制——SS-DA游戏吸引力模型。

第七章聚焦如何在吸引力模型上生成设计工具。阐述如何将SS-DA游戏吸引力模型与 RSTR 游戏架构相结合，形成一套可用于教育游戏设计的、更具体的概念框架，以及一套具有较强操作性的设计和评价工具。

第八章对游戏成瘾原理及其应用潜力进行总结和展望。希望本书提出的游戏吸引力模型能和元宇宙、人工智能等前沿技术进行深度整合，进而应用于复杂的教育领域，最终创造出某种既有趣又有益、既有温度又有深度的新型学习环境。

顺便一提，在本书中"游戏参与者""游戏者""玩家"等词具有大致相同的含义，"游戏参与者"更强调游戏的社会性互动特征，"游戏者"更强调游戏的普遍特性，而"玩家"则更具有电子游戏的通俗意味。本书在不同语境中会有不同使用情况，但也不做严格区分。

第二章

数字时代新难题

提出新问题，从新的角度看待旧问题，需要创造性的想象力，标志着科学的真正进步。

——阿尔伯特·爱因斯坦《物理学的进化》

从某种意义上说，人类文明的发展是一个不断碰到或产生新问题，同时不断发明新技术和新工具、利用新能源、产生新观念来解决和适应这些问题的不断更新的过程。数字时代以前，信息和知识无疑具有极大稀缺性，然而时至今日却逐渐成为一种快速迭代又普遍易得的文化资源，由此也相伴而生一些新的社会问题。诸如网络成瘾、游戏成瘾等心理和行为问题既受制于人类的生理机能，又被最新的革命性技术与文化直接激发，因此看待和解决这些问题不应短视和急躁，而应该放在历史的大背景中，以一种更开放、更包容、更具前瞻性的态度来进行。

第一节　成瘾与行为成瘾

成瘾是一种生理和心理交杂一体的复杂现象，总体而言，传统意义上的所谓"成瘾"通常指对某种物质（如药物或酒精）的病态使用所导致的物质依赖，即物质成瘾。然而随着技术的发展和研究的深入，人们发现某些不依赖于具体物质的、产生于某种交互活动中的反复进行的具有强迫性特征的行为，仍然会令人成瘾。

一　成瘾

成瘾（addiction）的概念最初来自物质滥用等非正常行为的观察和描述，在古希腊和罗马时代已有对滥用酒精和其他药物造成的不良后果的记载。18世纪中叶，美国独立宣言的签署者之一，本杰明·拉什（Benjamin Rush）医生首次建议将酒精等物质滥用的行为视为一种疾病而非道德缺陷[1]，并于1810年成立了为戒酒者服务的"节制所"（Sober Living House），开创了以医疗方式诊治和关怀物质成瘾的先河。

根据世界卫生组织（WHO）的定义，药物成瘾是由于个体对天然或人工合成药物的不合理使用，所导致的一种慢性或周期性的、对个体和社会都有危害的沉迷状态，使用者即使暂时戒断也会产生无法克制的再度使用该药物的欲望，并伴随希望增加用量的张力，最终对药物产生的效果形成心理及生理的依赖。对成瘾行为的具体判定，美国精神病学协会（American Psychiatric Association，APA）2000年出版的《精神疾病的诊断与统计手册（第四版）》（*Diagnostic and Statistical Manual of Mental Disorders，Fourth Edition*，DSM-IV）给出了较为明确的准则[2]：

（1）耐受性：需要增加物质使用的量才能达到满足的效果；

（2）戒断症状：在停止或减少使用时会出现特定的戒断症状（例如：戒酒后会出现发抖、失眠、焦虑或心跳加快）；

（3）失控的使用行为：对物质的使用量或时间超过使用前的计划；

（4）对戒除或控制该物质的使用有持续的意愿，或多次失败的经历；

① Levine, H. G., "The Discovery of Addiction: Changing Conceptions of Habitual Drunkenness in America", *Journal of Substance Abuse Treatment*, Vol. 2, No. 1, 1985, pp. 43-45.

② American Psychiatric Association, *Diagnostic and Statistical Manual of Mental Disorders* (*Fourth Edition*), Washington, DC: American Psychiatric Association, 2000.

（5）花费许多时间和精力，以获得或使用某种物质，或从对这种物质的使用中恢复过来；

（6）因使用某种物质而放弃或减少重要的社会、职业或休闲活动；

（7）明知自己具有的某种持续或反复发生的身体或心理问题和某种物质的使用相关，仍然继续使用这种物质。

目前心理学界、医学界对传统的物质成瘾方面的研究已经颇为深入，笔者不拟对此展开论述，而将重点聚焦于上网、玩电子游戏等新兴的、非物质化的活动对于人们心理与行为之影响的研究与探讨。也就是说，不使用某种直接对人体的生理系统施加影响的物质，是否会导致成瘾行为呢？

答案是肯定的，一些特别的活动，的确会使人们产生某种类似于物质成瘾的病态行为。

二 行为成瘾

（一）行为成瘾的定义

行为成瘾是一种非物质或非化学性成瘾，有研究者认为，由于表现特征、发病机理和治疗技术的相似，行为成瘾和物质成瘾非常接近[①]；马莱特（Marlatt）等人的研究发现，个体"无须单纯地去接触成瘾物质"，也可能形成一种"习得性功能行为"（learned functional behavior），这种行为具有应对压力的功能，仿佛"自主遭到了冻结"（frozen autonomy），其形成则"并非只是单纯的生理疾病因素"而是由多种因素所共同决定的，他们对行为成瘾作了比较明确的定义：

行为成瘾是一种会增高疾病危险性及（或）相关的个人及社会问题的重复性习惯形态，常被主观地经验为主体行为"失去控制"（loss

---

① Miele, G. M., et al., "The Definition of Dependence and Behavioural Addictions", *British Journal of Addiction*, Vol. 85, No. 11, 1990, pp. 1421–1423.

of control)，即使决心试图去制止或缓和它，此行为仍然会持续不断地出现。这种习惯形态的典型特征为：立即性的满足（短期奖励），但是常常伴随着持续不断的有害后果（要付出长期代价）；主体曾努力（通过自我克制或治疗）去改变成瘾行为的尝试，但复发的概率很高。①

（二）典型的行为成瘾及其心理过程

比较典型的行为成瘾包括：过度饮食（excessive eating）、病态性或问题性赌博（pathological or problem gambling）、过度锻炼（excessive exercising）、性成瘾（hypersexuality or sex addiction）和购物成瘾（shopping addiction）等传统行为成瘾，以及上网成瘾（internet addiction disorder）和游戏成瘾（game addiction）等与信息技术的使用相关的技术性成瘾（technological addiction）。下面以过度饮食为例，对这些行为成瘾的表现方式和成瘾者的心理过程进行一个简要的分析。

过度饮食包括暴饮暴食（binge eating）、贪食或厌食症（bulimia nervosa or bulimarexia）等饮食失控行为，具有此类症状的人群通常过分热衷饮食或过度关注体重，在进行暴饮暴食之后，又会由于自己行为的失控而出现担心、负疚、羞愧、沮丧和自责等心理，进而开始过分节食或采取一些强迫性的方式来防止体重增加，例如：催吐、服药、向他人寻求帮助或藏匿食物等，但不久又会开始下一次的饮食失控。

其他类型的行为成瘾和过度饮食虽然症状不同，但成瘾者都会经历大致相同的心理和行为过程，即在发生某种过度而难以控制的行为后，主体会产生负疚、羞愧、沮丧和自责等心理，并会主动采取一些措施预防这种失控行为，但不久又会再次出现该种行为，长此以往，陷入一种难以自拔的"行为失控—心理自责—自我控制"的循环过程，如图2—1所示。

---

① Marlatt G. A., et al., "Addictive Behaviors: Etiology and Treatment", *Annual Review of Psychology*, Vol. 39, 1988, pp. 223-252.

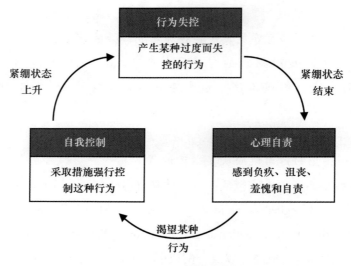

图2—1 行为成瘾心理过程

（三）行为成瘾的特征和判定准则

与物质成瘾相对照，马科斯（Marks）总结了行为成瘾的若干特征：

（1）有强烈的欲望想要投入那种会产生负面效果的系列行为之中；

（2）紧绷感和对行为的渴望会一直上升，直到完成那些一系列的行为；

（3）当这一系列的行为完成后，紧绷感很迅速地消失了；

（4）在几小时、几天或几星期后，对那种行为的强烈渴望和与之相伴的紧绷状态又会再度出现；

（5）每一种成瘾症状都有某种唯一的引发这种强烈渴望的外部刺激；

（6）这种渴望又会与其他外在和内在的因素一起形成二级调节；

（7）采取相似的复发防范策略：A. 冲动控制训练。借此延长置于刺激之下的时间，逐渐习惯于被刺激引发的渴望和戒断症状；B. 刺激控制。通过对环境的管理，控制引发渴望的刺激。①

---

① Marks, I., "Behavioural (non-chemical) Addictions", *British Journal of Addiction*, Vol. 85, No. 11, 1990, pp. 1389–1394.

其中，强迫性（compulsion）和冲动性（impulsion）是行为成瘾最显著的两个特征，它们其实都是某种内源性的感受。强迫性是指上一次进行这种行为时所获得的特殊愉悦感会在全身心范围内不断促使和引诱主体做出相关行为；冲动性则是指主体一开始还力图控制这种"不良"行为的发生，但随着内源性渴望的增加，压力和紧绷感越来越强，如果不做出这种行为，戒断症状也会越来越激烈，使主体越来越难受，最终主体为了获得愉悦又逃避这种不适，终于"顶不住压力""管不住自己"，"被迫"再次做出这样的行为。

在此基础上，英国学者葛瑞菲斯（Griffiths）根据 DSM-IV 中物质成瘾的判定准则提出了判定行为成瘾的 6 条准则①，见表 2—1。

表 2—1　　　　　　　　　　行为成瘾判定准则

准则	释义
显著性	意指这件事成为当事者生活中最为重要的部分，占据当事人所感所思，并使其产生想要从事这种活动的强烈欲望，进而影响其正常生活
心境改变	意指当事人在从事某种活动后，自陈主观感受的改变，例如觉得心情亢奋，或者是产生解脱的感觉等
耐受性	意指需要增加从事某种活动的次数或分量才能达到与先前同样的效果
戒瘾综合征	意指停止从事某种活动之后所产生的生理或心理的负向状态，例如欠缺耐性、情绪低落、发抖等
冲突性	意指因从事某些活动而形成与家人朋友间的冲突，或是造成与其他正常活动间的冲突，例如：造成与工作、学习、兴趣、嗜好、社交生活或是自我内心的矛盾
复发	意指重复出现上述成瘾症状的倾向

当然，也有研究者认为，"成瘾"是一个医学专用名词，以上观点有使之被忽视或泛化（trivializing）的危险，并且可能会导致忽略药物治疗的

---

① Griffiths, M. , "Nicotine, Tobacco, and Addiction", *Nature*, Vol. 384, 1996, p. 18.

特殊后果①。但更多人则认为成瘾的含义应不止于单纯的物质依赖，而应包括源于社会文化背景中的多种病态性活动，有很多研究都分别从不同的角度指出了"物质"与"行为"成瘾的相似性。

首先，如同物质成瘾会对特定的物质或药物产生依赖一样，成瘾行为一般难以被其他活动所替代，而其他正常的重复性活动则没有这种特点；其次，物质依赖（substance dependences）、强迫性（compulsion）和冲动性（impulsion）三者之间存在相互重叠之处，尤其当此种行为机制被反复执行许多次后，彼此的界限会越来越模糊②；再者，同一种行为疗法对多种病态行为有效，因此这些行为之间一定存在相似的病理成分③；最后更为重要的是，和物质成瘾一样，行为成瘾由于没有节制，往往会导致其主体的心理失衡和行为偏差，而一些必要而适度的行为，即使经常和重复发生（例如人每天必须睡眠和进食）却不会对个体产生不良影响。

综上所述，的确可能存在某种和物质成瘾有许多相似的心理和行为特征，并且无需使用物质或药物的病态性依赖状态，而"成瘾"一词的应用范围也无须局限于与物质或药物相关的范畴。换句话说，成瘾的现象不只发生于由药物滥用引起的生理和化学反应，某些活动由于和人类的心智相互作用，所产生的一种周期性的、无法自拔的心理状态和行为表现，都可称之为"成瘾"。下文将讨论技术性的行为成瘾，即人们由于对计算机、互联网或电子游戏等数字技术的过度使用所导致的病态行为，然后在此基础上对其中最典型的电子游戏成瘾进行深入分析。

---

① Jaffe, J. H. , "Trivializing Dependence", *British Journal of Addiction*, Vol. 85, No. 11, 1990, pp. 1425-1427.

② Miele, G. M. , et al. , "The Definition of Dependence and Behavioural Addictions", *British Journal of Addiction*, Vol. 85, No. 11, 1990, pp. 1421-1423.

③ Marks, I. , "Reply to Comments on Behavioural (Non-Chemical) Addictions", *British Journal of Addiction*, Vol. 85, No. 11, 1990, pp. 1429-1431.

第二节 数字成瘾

数字成瘾（Digital Addiction）是一种技术性的行为成瘾，是一种由于主体对数码设备和在线平台的过度使用而导致的对后者无法戒断的强迫性心理依赖或冲动控制障碍，有时也统称技术成瘾。美国成瘾医学协会（ASAM）和美国精神病学协会（APA）认为数字成瘾是一种大脑奖赏、动机、记忆和相关性环回路的原生性慢性疾病，这些回路的功能障碍会导致生理、心理、社会和精神的特征性临床表现。数字成瘾问题中最突出的是互联网成瘾和电子游戏成瘾，且二者的含义颇多交叠，在中国甚至常常被当作同义词来使用，因此在进行深入探讨之前，有必要先对二者的概念做一个适当界定。

一 互联网成瘾

互联网成瘾是一种病态性的互联网使用行为，一般称为"网络成瘾""上网成瘾"或"网络沉迷"。该问题首次引起研究界的注意是在 1994 年，当时美国纽约的一位精神病医生金伯格（Goldberg）声称发现了一种与互联网的过度使用相关的，新的心理障碍疾病，并把它命名为"互联网成瘾症"（Internet Addiction Disorder，IAD）。

金伯格医生发现，IAD 患者会成天"坐在计算机前紧盯屏幕，沉醉于网上冲浪"，"减少甚至放弃了重要的社会和职业活动"，"这些成瘾者随时随地都想上网，通常每周上 40—80 个小时，由于经常彻夜不眠、上网过度，其睡眠方式受到了严重干扰"[1]。由于过度的互联网依赖，网络瘾君子与他人进行正常社会性交往的时间逐渐减少，交往能力日益减弱，离开网络则会感到孤独和烦躁不安。美国学者金博利·杨（Young，K.）

---

① Goldberg, I., "Internet Addiction Disorder（IAD）", *Social and Behavioral Sciences*, Vol. 191, No. 2, 2015, pp. 1372-1376.

在对互联网成瘾者做了大量实证性的调查研究后指出，网络成瘾是一种不涉及任何有毒物质的冲动控制失调（impulse control disorder）[①]。和其他成瘾行为一样，为获得足够的满足感，网络成瘾者单位次上网的时间会越来越长，频率会越来越高，并导致一些健康和社会问题，因此在下线后也会有后悔、自责等心理，并可能下决心减少上网时间或远离网络，但时间稍长，当这种负疚感逐渐消退，而上网的渴望再次增强时，往往控制不住自己又开始上网，戒除网瘾的努力总是失败。周荣和周倩参照国际卫生组织（WHO）对物质成瘾的定义，对网络成瘾做了较为规范和详尽的定义：

> 由重复的对于网络的使用所导致的一种慢性或周期性的着迷状态，并带来难以抗拒的再度使用之欲望。同时会产生想要增加使用时间的张力，以及忍耐、克制和戒断等现象，对于上网所带来的快感会一直有心理与生理上的依赖。[②]

在互联网发展初期，IAD 只是一个小众问题，但近年来由于网络技术尤其是移动互联的飞速发展和普及，青少年网民的人数急剧增长，互联网成瘾日益产生了众多的社会及心理问题；同时，技术的飞速发展使得基于手机、PAD 等新型数字设备的应用方式层出不穷，其中最突出的当属电子游戏，由于其受众多为青少年，与互联网成瘾交织在一起的电子游戏成瘾逐渐引起了从民间人士和教育部门的关注。

二　游戏成瘾

游戏成瘾现象虽已日益引起社会的关注，但仍未得到学术界的足够研

---

① Young, K. S., "Internet Addiction: Symptoms, Evaluation, and Treatment", In: Creek, L. V. & Jackson, T. L., eds., *Innovations in Clinical Practice: A Source Book*, Sarasota, FL: Professional Resource Press, Vol. 177, 1999, pp. 19-31.

② 周荣、周倩：《网络上瘾现象网络使用行为与传播快感经验之相关性初探》，《中华传播学会年会会议论文集》，1997 年。

究，甚至其称谓也不尽相同。一般称之为"电子游戏成瘾""游戏成瘾""网游成瘾"或"电玩成瘾"。在国外，早期曾被称为"沉迷性的视频游戏使用"（obsessive video-game using），"病态性的视频游戏沉迷"（pathological preoccupation with video games），或"视频游戏成瘾"（video game addiction），近几年又被称为"电脑成瘾"（computer addiction）、"游戏成瘾"（game addiction disorder）、"电脑游戏成瘾"（computer game addiction）和"互联网游戏成瘾"（internet gaming disorder）等等。不难看出，无论采用哪个名称，其实质都是对同一种现象的关注，即人们在玩电子游戏时行为及心理方面遇到的某种困境。由于技术的发展，不同时期的设备、平台或玩法有所不同，因此命名时文字上的细节也略有差异，本书采用一个能反映其本质，言简意赅又通俗易懂的说法——游戏成瘾。

在研究游戏成瘾之前，我们不妨再考察一下与之相近的另一个行为成瘾的著名例子——赌博成瘾[1]。赌博成瘾又叫病态性赌博（pathological gambling），按照APA在DSM-IV中的定义，病态性赌博是一种"以持续性的、大量的，对家庭、职业和社会事务产生破坏性后果的赌博行为为特征的冲动控制失调"[2]。在布卢米（Blume）看来，人们之所以会嗜赌成瘾是由于在赌博时会进入"一种被激发的、溢乐的状态，类似于从古柯碱或其他药物中获得高潮感"[3]。从社会行为的角度来看，行为成瘾具有"初级正向刺激学习机制""次级放大过程"和"冲突性后果"等三个形成要素（本书第三章将从这三个要素的互动关系入手，详细分析游戏成瘾的形成机制），在后两个机制中，游戏成瘾与赌博成瘾具有非常类似的特征，因而很多研究者倾向于将游戏成瘾与赌博成瘾相比照。葛瑞菲斯等人的研究

---

[1] 在一般的生活化语境中，从娱乐消遣的角度看，人们有时也把赌博当做某种游戏，但如果从游戏本质的层面进行严格地界定，赌博和游戏则具有明显的不同，详细论述见本书第六章第一节。

[2] American Psychiatric Association, *Diagnostic and Statistical Manual of Mental Disorders* (*Fourth Edition*), Washington, DC: American Psychiatric Association, 2000.

[3] Blume, S. B., "Pathological Gambling: Addiction without a Drug", In: Class, I. B. ed., *The International Handbook of Addiction Behaviour*, London & New York: Tavistock/Routledge, 1991, pp. 107-112.

发现，电子游戏可被视为一种"不涉及财物的赌博形式"（non-financial form of gambling）①，游戏成瘾和网络成瘾以及使用机器的赌博成瘾一样，都是某种非化学性的（non-chemical）涉及人机互动行为（human-machine interactions）的技术性成瘾（technological addiction）②。另外一些研究则认为电视、赌博机器和电子游戏在发展和传承着某种成瘾机制，并提出所谓的"人机关系发展模式"（man-machine relationships in a developmental model）③。有学者对游戏成瘾和物质依赖与病态性赌博多方比较之后，则将"电玩成瘾与病态性赌博有许多相似性与少数不同之处"作为其研究电玩成瘾倾向及其相关因素的一个基础和前提④。

近年来，由游戏成瘾这一行为障碍导致的社会问题日益受到重视。2023 年中国科学技术大学的研究发现，"游戏成瘾者和其他物质和行为成瘾者一样，在价值决策的主要方面延迟折扣会发生损伤"⑤，2024 年西南大学心理学部的研究则发现"抑郁症状的加重会显著增加儿童沉迷游戏的风险"⑥。在国际上，2017 年底世界卫生组织（WHO）宣布将游戏成瘾归

---

① 这里的"不涉及财物"不是指玩游戏无需花钱，指的是游戏自身的目标或游戏者玩游戏的目的不是钱，此处的讨论是在关于游戏活动的精神本质层面进行的。游戏发展至今，商业模式已经非常多样化，游戏开发者提供的服务同样是一种商品，而玩家花钱购买这种商品的目的不是获得"财物"而是获得精神愉悦。至于玩游戏经常需要"充值"或"氪金"，则指的是玩家不但要花钱买游戏而且要在游戏进行中不断地投入，甚至能通过买卖其中的虚拟物品获利，这显然在一定程度上已经"涉及财物"并脱离了纯粹的游戏精神。关于游戏的精神和本质这类形而上的问题，本书将在第六章第一节"基础理论分析"中进行深入论述。

② Griffiths, M., et al., "The UK National Telephone Gambling Helpline-Results on the First Year of Operation", *Journal of Gambling Studies*, Vol. 15, 1999, pp. 83-90.

③ Brown, R. I. F., "Gaming, Gambling, Risk Taking, Addictions and a Developmental Model of A Pathology Of Man-Machine Relationships", In: Klabberg, J. et al., *Simulation Gaming*, Oxford: Pergamon Press, 1989, p. 368.

④ 林谊杰：《电玩成瘾倾向及其相关因素研究》，硕士学位论文，中原大学心理学系，2003 年。

⑤ Hong et al., "Reduced Loss Aversion in Value-based Decision-making and Edge-centric Functional Connectivity in Patients with Internet Gaming Disorder", *Journal of Behavioral Addictions*, Vol. 12, No. 2, 2023, pp. 458-470.

⑥ Nie, Q., et al., "Longitudinal Relationships between School Climate, Academic Achievement, and Gaming Disorder Symptoms among Chinese Adolescents", *Journal of Youth and Adolescence*, Vol. 53, No. 7, 2024, pp. 1646-1665.

类为精神疾病，在2018年的《国际疾病分类》第11版（ICD-11）中，专门设立"网络游戏成瘾"（Internet Gaming Disorder，IGD）条目，将IGD列入了"物质使用或成瘾行为所致障碍"章节，并明确9项诊断标准，以帮助精神科医生确定患者是否对游戏产生依赖，2019年5月正式将IGD列为一种疾病。

结合各国学者和世界卫生组织之于物质成瘾和美国精神病学协会之于赌博成瘾和互联网成瘾的界定，不妨这样界定游戏成瘾：

> 游戏成瘾是一种以持续性的、大量的，对身心健康和社会事务产生破坏性后果的电子游戏使用行为为特征的冲动控制失调，成瘾者常表现为对电子游戏形成一种慢性或周期性的着迷状态，伴有想要增加使用时间的心理张力，以及忍耐、克制和戒断等现象，对玩电子游戏所带来的快感会产生心理与生理上的依赖。

三 相互关系

不同于传统游戏的人际互动和早期电子游戏的人机互动，当今流行的游戏大多数都是可以在互联网平台上多人协同进行的，其互动形式已经逐渐演化为人际、人机混合互动。根据国内外有关互联网成瘾或不同特征的病态网络使用行为的研究，再加上日益普遍的短视频成瘾，可以将当前主要的数字成瘾行为的含义与表现方式总结如表2—2所示。

表2—2 网络成瘾表现方式

类型	含义与表现
网络色情成瘾	沉迷于虚拟的色情世界，热衷于在互联网上搜索、下载、观看、传播或交换色情作品
网络交际成瘾	专注于在线关系或虚拟偷情，由于在线友谊的重要性甚至取代了真实世界中与家人和朋友的关系，因此经常导致真实的社会关系淡漠以及婚姻和家庭关系的不稳定甚至破裂
网络强迫行为	热衷于在网上从事与金钱相关的活动，最常见的是网络购物，其他还包括网络赌博、网上拍卖和网络股票交易等

续表

类型	含义与表现
信息收集成瘾	通常花费太多的时间从网上搜寻及下载数据和软件，并对其进行组织和整理，强迫妄想倾向与减少工作效率是这类行为的典型组合
电脑游戏成瘾	花费大量时间在电脑上玩游戏，甚至影响生活、工作和学业，有研究发现电脑游戏成瘾正变成组织中的一个重要问题，因为员工打游戏的时间甚至比工作时间还多
在线短视频成瘾	在平台不断推送的短视频上花费了过多时间，失去控制，甚至是强迫使用，是移动互联时代日益占据主流的一种问题性网络使用行为

以上观点将游戏成瘾归为互联网成瘾的一种，而在葛瑞菲斯看来，上网冲浪、看视频和玩电子游戏等技术使用行为如果失去控制，并"和其他需要和活动发生冲突"的话，那么该行为就可以看作是一种数字成瘾。根据近年来信息技术和商业模式发展的实际情况，并综合以上观点，我们以图2—2来表示它们之间的大致相互关系。

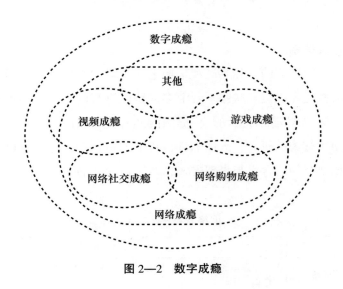

图2—2　数字成瘾

近年来由于技术的迅猛发展，电子游戏已经从开始时主要依托于专用的、集成式的视频游戏机（video game console）逐渐扩展至多用途的、以个人计算机和互联网为支撑的技术平台。由于网络的支持，多人对战、团队合作不但变得可能，而且成为一种最有趣最重要的游戏形式，尤其是大型多人在线游戏（Massively Multiplayer Online，MMO），在中国俗称"网游"，例如《魔兽世界》《反恐精英》《英雄联盟》和《王者荣耀》等游戏的兴起，更彻底使游戏突破了时空、地域和人群的限制。这种完全在互联网上进行的真人实时游戏，不但使得游戏和互联网几乎融为一体，而且逐渐演变成一种新型的社会互动平台乃至大众媒介形式。

四　历史与现状

见诸学术期刊的游戏成瘾记载最早出现于 1982 年，当时美国学者罗斯（Ross）等人报道了三名男性青年沉迷于电子游戏《太空侵略者》，将其症状称为"太空侵略者强迫症"（space invaders obsession）[①]。不久，另一项研究指出电子游戏成瘾的现象已在学生中逐渐显露，并对其产生的负面影响及其应对策略进行了探讨。20 世纪 80 年代中期，艾格里和梅尔斯（Egli & Meyers）在研究青少年对电子游戏的态度和玩电子游戏对其生活的影响时则发现，约有 10%—15% 的被试表现出强迫性的电子游戏使用倾向[②]。而格林博格等人（Greenberg, et al.）在对 129 名男女大学生进行的物质性成瘾和活动性成瘾等调查中也发现，有 12% 的人达到其问卷所设定的游戏成瘾标准（男生多于女生），存在游戏成瘾的可能性[③]。1999 年 8 月，在美国精神病学协会年会上公布了一项研究成果，称大约有 6% 的网民患有某种形式的 IAD。2001 年，安德森（Anderson）对 7 所美国大学和 1 所爱尔兰大学的 1301 名大学生进行网络应用情况调查，在利用 APA 的 DSM-Ⅳ 中关于物质成瘾的判定标准和自己研制的模型测量后发现：有 9.8% 的

① Ross, D. R., et al., "Space Invaders Obsession", *The Journal of the American Medical Association*, Vol. 248, No. 10, 1982, p. 1177.

② Egli, E. A., & Meyers, L. S., "The Role of Video Game Playing in Adolescent Life: Is There Reason to be Concerned?", *Bulletin of the Psychonomic Society*, Vol. 22, No. 4, 1984, pp. 309-312.

③ Greenberg, J. L., et al., "Overlapping Addictions and Self-Esteem among College Men and Women", *Addictive Behaviors*, Vol. 24, No. 4, 1999, pp. 565-571.

大学生表现出对网络严重依赖①；匈牙利学者特瑞尔等人（Treuer, et al.）在网上做的一项调查则发现，高达92%的被调查网民认为如果没有网络"世界将变得空虚而无聊"，而至少43%的被调查者则表现出对互联网有较为严重的依赖心理②。豪格和金泰尔（Hauge & Gentile）等人的研究也表明，游戏成瘾的确是青少年（尤其是男性）中存在的问题，而这种问题常与学业成绩以及攻击性的态度和行为方面的失调相关。

在中国，从2000年左右至今，由于计算机和互联网的迅速发展和普及，游戏成瘾者呈逐渐增多趋势，其中又以青少年学生居多。

1999—2000年，暨南大学医学院对1321名穗港青少年进行的调查显示，"玩电子/电脑游戏者达90%，成瘾率6.5%"；2001年刘学军等人利用参照DSM-IV病态性赌博诊断标准改编的量表，对长沙市某小学和初中的602名学生进行调查时发现，电子游戏依赖检出率为6.6%③；2002年，香港"突破信息研究组"以随机电话访问的形式，对1058名10—29岁的青少年进行了网络使用情况调查，"研究发现，整体10—29岁的青少年中，约一成半（14.7%）开始出现沉溺上网的倾向"；2003年民盟北京市委提交的一份《网络游戏与未成年人教育调查报告》显示，北京市中学生上网成瘾者的比例达14.8%（初中生11.8%，高中生15.97%），按照这个比例推算，北京市92.26万中学生中，上网成瘾者约有13.65万人④。

2005年12月，中国互联网络信息中心（CNNIC）历年发布的《中国互联网络发展状况统计调查报告》显示：当年我国大陆地区网民总人数为11100万人，其中30岁及以下的网民7770万人，占70%，学生网民3896.1万人，占35.1%。网民使用的网络服务中，网络游戏的使用率为

① Anderson, K. J., "Internet Use among College Students: An Exploratory Study", *Journal. American College Health*, Vol. 50, No. 1, 2001, pp. 21—26.

② Treuer, T., et al., "Internet Addiction Associated with Features of Impulse Control Disorder: Is it a Real Psychiatric Disorder?", *Journal of Affective Disorders*, Vol. 66, 2001, p. 283.

③ 刘学军等：《电子游戏依赖儿童的智力、个性和行为特征研究》，《中国临床心理学杂志》2001年第4期，第268—270页。

④ 马北北：《中学生网络成瘾者达14.8%》，《中国青年报》（网络版）2003年1月14日。

33.2%；到 2006 年 6 月底，网络游戏的使用率则为 31.8%；2017 年 12 月，我国网民规模达 7.72 亿，其中学生群体规模最大，占比为 25.4%；2021 年未成年网民经常在网上玩游戏的比例达到 62.3%；截至 2023 年 6 月，我国网民规模达 10.79 亿人，较 2022 年 12 月增长 1109 万人，互联网普及率达 76.4%，其中 10 岁以下网民和 10—19 岁网民占比分别为 3.8% 和 13.9%，青少年网民数量近 2 亿[①]；2023 年 12 月发布的《第 5 次全国未成年人互联网使用情况调查报告》则显示，中国未成年网民规模为 1.93 亿，互联网普及率高达 97.2%，未成年网民经常在网上玩游戏的比例达到 67.8%，较 2021 年提升 5.5 个百分点，以玩游戏、看短视频为代表的网络娱乐活动已经成为未成年人休闲放松的重要方式[②]；而据《青少年蓝皮书：中国未成年人互联网运用报告（2023）》的推断，我国未成年人互联网普及率更是已近饱和[③]。

虽然目前尚缺乏大样本流行病学调查数据，以及准确的游戏成瘾者在网民中构成比例的权威研究[④]（一般认为 12—16 岁的青少年是网瘾高发人群），但如果以 1.93 亿未成年网民为基数，再以其中 67.8% 经常玩游戏的人群成瘾比例 6% 来计算（已有研究指出的较低比例），我国青少年学生中网络和游戏成瘾的人数将达 780 多万，而这还不包括单机版电脑游戏和专用型游戏机的用户，如任天堂的 Switch、微软的 Xbox、索尼的 PlayStation 等平台。

五 引发的问题

总体来说，游戏成瘾带来的不良影响大体可以分为社会性问题和身心健康问题。

---

① 中国互联网络信息中心：《第 52 次中国互联网络发展状况统计报告》，2023 年 9 月。
② 共青团中央维护青少年权益部、中国互联网络信息中心：《第 5 次全国未成年人互联网使用情况调查报告》，2023 年 12 月，第 2—5 页。
③ 方勇、季为民主编：《中国未成年人互联网运用报告》（2023），社会科学文献出版社 2023 年版。
④ 根据测量方法不同，中国青少年 IGD 的患病率从 2.1%—17% 不等，有研究甚至认为高达 30%。

社会性问题首先表现在家庭关系层面，由于游戏成瘾者与其家人相处和沟通的时间日渐减少，对家庭事务的兴趣和责任感逐渐淡漠，由此引发家庭成员关系疏远、恶化，甚至导致家庭破裂或婚姻失败等严重问题。其次是学业问题，作为先进便捷的信息交流和资源获取的工具，人工智能和互联网等信息技术工具对教育的意义不言而喻，但大量研究表明，对其使用不当和滥用并不见得会促进学习，甚至会带来巨大危害。比如，美国学者杨（Young）的一项研究发现，58%的上网过度的学生不同程度地出现了学习习惯恶化、成绩下降、逃课等问题，严重的甚至触犯法律。而在中国，游戏成瘾在大学生群体中引发的学业危机和下文将指出的身心健康危机也的确成为对青少年最具危害性的社会问题之一。

和上述社会性问题相互关联，游戏、小视频等在线互动中不适当的内容还不可避免地会对个体心理产生一定的不良影响，造成某种程度的个性和行为偏差。一旦停止上网，个体会产生明显的孤独、不安、焦躁、失眠、情绪低落、行为失控和思维迟钝等戒断症状，严重的甚至会罹患抑郁症或做出某些极端行为。有研究表明，长期沉迷游戏者大脑和神经系统内的传导系统会发生改变（第三章将详述），正是这种发生在身体内部无法直接看见的不同程度生理性损伤，直接导致了上述心理问题。

即便没有上瘾，长期使用数码设备导致的健康危害，近年来已逐渐成为一个涵盖老、中、青、少、幼各个年龄阶段人群的普遍的公共健康问题，包括笔者本人也深受困扰。由于长时间盯着屏幕，缺乏适当的锻炼，经常使用计算机的人常有视力下降、颈项及肩腰酸痛，腕关节综合征、头昏脑涨和食欲不振等病症。据调查，常用电脑的人中感到视疲劳的占83%，肩酸腰痛的占63.9%，头痛和食欲不振的则占56.1%和54.4%，最极端的情况甚至会引起猝死。实际上，由于过度玩游戏和上网，而引起暂时性失明（医学上称为"暴盲"）甚至猝死的报道已是屡见不鲜。

值得注意的一个题外话是，和游戏成瘾人群主要是青少年不同，在生活中不难看到，越来越多的老年人"玩手机"的时间越来越长，似乎正在成为网购、在线短视频等数字成瘾增长最快的群体。另外，在年龄上与此形成有趣对照的是，很多家长或监护人会将手机或平板简单地交给幼儿独自去玩以图"耳根清净"，也可能导致孩子在相当低幼的阶段就产生某种程度的数字技术依赖。这方面虽然还没有充分的严肃研究，但也应该引起社会的重视。

六　症状及判定

由于研究目的、方法和工具以及目标人群不尽相同，各研究结果自然有所差异，但可以肯定的是，游戏成瘾现象已经较为普遍，并且带来了不同程度的身心健康和社会性问题。那么，对于个体来说游戏成瘾都有些什么具体症状又如何进行判定呢？

（一）症状

很多关于游戏成瘾的研究都或多或少描述过"瘾君子"的一些症状，其中最早也很全面的是索博和米勒的表述，他们认为，即便玩游戏只是一种娱乐，但有些人的确会上瘾，并由此引发诸多不良后果，甚至成为"糟蹋时间的瘾君子"（junk-time junkies）。他们对游戏成瘾的症状描述如下[1]：

（1）强迫性的行为投入；

（2）对其他活动失去兴趣；

（3）只和同样对游戏成瘾的人接触；

（4）学业成绩下降；

（5）在沉迷一段时期之后，会有罪恶感产生，虽然对自己的行为感到自责和愤怒，但无法控制；

（6）当试着停止（玩游戏）时，会出现冒汗、颤抖等身体和心理症状；

---

[1] Soper, W. B. & Miller, M. J., "Junk-Time Junkies: An Emerging Addiction among Students", *School Counselor*, Vol. 31, No. 1, 1983, pp. 40-43.

（7）为了玩游戏而逃课；

（8）当见到新的游戏时，根本无法控制自己不去玩；

（9）不停地玩游戏，直到手里的钱用完为止。

（二）判定准则

对游戏成瘾的判定直接和其表现症状相关，目前较有代表性的判定准则有三个。

一个是美国心理学家葛瑞菲斯制定的准则，它脱胎于 DSM-Ⅲ 中关于病态性赌博和 DSM-Ⅳ 中关于物质成瘾的诊断标准，以及金伯格和杨等人制定的网络成瘾（IAD）判定标准（见附录），葛瑞菲斯结合游戏成瘾的症状作了进一步的修改。该判定准则由八个问题组成，建议有四个及以上的问题答"是"者即可判定为游戏成瘾①，见表2—3。

表2—3　　　　　　　　　游戏成瘾判定准则

序号	准则	问题
1	显著性	你几乎每天都玩游戏吗？
2	耐受性	你经常会（比预计）玩更久的时间吗？
3	溢乐感（euphoria）	你会为了追求刺激和兴奋而玩游戏吗？
4	突破	你会为了要打破自己（在游戏中创造）的最高纪录而玩吗？
5	反复	你是否曾经反复地努力想停止或少玩游戏？
6	戒断	无法玩游戏时你是否会烦躁不安？
7	冲突	玩游戏是否与你的其他活动，如学业、工作或社交冲突？
8	牺牲	你是否为了玩游戏而牺牲了学业、工作或社交活动？

第二个是 APA 在 2013 年根据网络成瘾的最新发展状况修订的《精神障碍诊断与统计手册（第五版）》（简称 DSM-Ⅴ）中的判定标准，该准则

---

① Griffiths, M., et al., "The UK National Telephone Gambling Helpline-Results on the First Year of Operation", *Journal of Gambling Studies*, Vol. 15, 1999, pp. 83-90.

规定：以下 9 个症状中，至少满足其中 5 条，才可以进一步以游戏成瘾（障碍）进行判定①。

（1）渴求症状：对网络游戏使用有强烈的渴求或冲动感，精力完全专注于游戏；

（2）戒断症状：停止玩游戏时会出现难受、焦虑和易怒等负面情绪；

（3）耐受性增强：为达到同样的满足感，玩游戏时间逐渐增多；

（4）难以控制：无法成功控制玩游戏的行为或减少玩游戏的时间，即使想要停止也无法戒掉游戏；

（5）兴趣减少：对其他事物和活动的爱好减少甚至完全放弃；

（6）明知故犯：即使清楚过度玩游戏对自己造成的负面后果，仍然专注玩游戏；

（7）隐瞒情况：向家人或朋友隐瞒自己玩游戏的时间和金钱开销；

（8）逃避现实：以玩游戏缓解负面情绪（如罪恶和绝望感），逃避现实生活中的压力；

（9）危害生活：由于玩游戏危及社交，或失去了某些重要关系（如亲情、友谊），以及工作和教育的机会；

第三个是 2018 年的《国际疾病分类》第 11 版（ICD-11）中关于"网络游戏成瘾" IGD 的 5 个判定准则。

（1）优先性（玩游戏明显优于其他学业、工作和日常活动）；

（2）渴望性（无法克制地玩游戏的欲望和冲动）；

（3）负面后果（明显影响健康、生活、学业、工作、人际关系和

---

① American Psychiatric Association, *Diagnostic and Statistical Manual of Mental Disorders* (*Fifth Edition*), Washington, DC: American Psychiatric Association, 2013.

其他社会活动）；

（4）行为失控（无法控制玩游戏的起止、频率、强度和持续时间）；

（5）持续性（持续失控或沉溺的时间超过12个月）。

第三章

游戏成瘾与吸引力机制

山重水复疑无路，柳暗花明又一村。

——陆游《游山西村》

面对同样的游戏和互联网，为何有些人更易成瘾，而其他人却并不明显？青少年为何更容易沉迷于斯而难以自拔？总体而言，好的游戏是一种具有高度趣味性和吸引力的交互活动，其效应并不依赖于某种具体的化学物质对人体生理系统产生直接作用或改变，因此所谓"游戏戒瘾"并非针对某个游戏个案的物质依赖，而是一种以互动行为为基础的强烈的心理倾向或渴望，故而构成游戏趣味性或"黏性"的内在要素或机制，其实也可以被视为某种可被设计的动机源或吸引力机制。

第一节　游戏成瘾机制

前已论及，不同于直接作用于人体生理系统的物质成瘾，游戏成瘾是一种以信息交换为载体、发生于社会性活动中、作用于人类高级心智层面的冲动控制失调，因而要考察这种既有物质成瘾典型症状，又不依赖于某种实体物质，能产生强大动机或吸引力的机制就不能以孤立的视角进行。下文结合游戏和网络成瘾形成的特定环境和条件，综合认知神经科学、心理学和社会学的研究，从主体生理特点、互动行为和社会环境等三个方面对导致游戏成瘾的原因进行综合分析，为进一步提炼上述对玩家具有"黏性"的内在吸引力机制打下基础。

一　主体生理因素

一般而言，无论物质性和行为性成瘾，从认知神经科学的角度看，其实都和神经系统中某些神经递质（neurotransmitter）的代谢异常相关。

对物质成瘾的研究发现，酒精、尼古丁、咖啡因和海洛因等物质会以不同形式和程度暂时提高大脑中的多巴胺（dopamine）含量，使人产生难以控制的欲望感和采取行动的兴奋感，随着药物的使用，多巴胺分泌不断增多，满足感不断增强，最终到达顶峰；当药性逐渐消退，多巴胺分泌随之减少使得"想要"感也逐渐消退，失落感和悔恨感却会悄然而生并逐步增强，自控力逐渐占据上风，主体会暂时控制药物的使用；但随着多巴胺的进一步消退，受影响的神经细胞难以适应低水平状态，使人产生巨大落差，痛苦的戒断反应随之而来，再次"想要"的感觉悄然产生并越来越强，最终导致失控而再次使用该药物。如此循环反复，药物的长期使用就会破坏大脑原有的生物学结构和功能，甚至是细胞核中基因的运作方式。

虽然和物质成瘾不尽相同，行为上瘾一般不会产生行为撤除导致的痛苦的病理性戒断症状，但仍然会影响神经递质的分泌，让人产生行为实施前难以抑制的冲动感、行动时暂时的满足感和消退后逐渐增强的失落和悔恨感。目前看来，在富有吸引力的互动行为中，多巴胺这种重要的中枢神经系统神经递质受到的影响最大。从认知和智能形成的角度看，它会"促进由环境刺激所引起的运动反应的发起"[1]；从能量代谢的角度来看，多巴胺则能帮助主体面向未来，专注于获取更多资源，从而为维持生命提供帮助。

多巴胺的作用和机制非常复杂和巧妙，能将注意力、激励、刺激和控制等要素集中和协调起来，在我们的运动和决策中起到重要作用。这种面向预期和未来的神经递质源于中脑的黑质和腹侧被盖区，有两条释放通

---

① ［美］Mark F. Bear、Barry W. Connors、Michael A. Paradiso：《神经科学——探索脑》（第四版），朱景宁、王建军主译，电子工业出版社 2023 年版，第 548 页。

路，一部分进入伏隔核中，这会让我们产生想要或想做某事的驱动力，这个回路叫做中脑边缘通路①，又被通俗地称为"多巴胺欲望回路"；一部分则进入新皮层的额叶中，参与控制回路的形成，称为"中脑皮质通路"。额叶是人类大脑最后演化出来的区域，负责理性、计划、自控力等高级认知的最终产生，因此这个回路又被称为"多巴胺控制回路"，见图3—1。总体而言，多巴胺深度参与的这两个回路相辅相成，就像汽车的油门和刹车，如果前者使人暴饮暴食，抽烟酗酒，熬夜赌博打游戏，后者则会使瘾君子下决心去戒烟戒酒、戒毒减肥②。

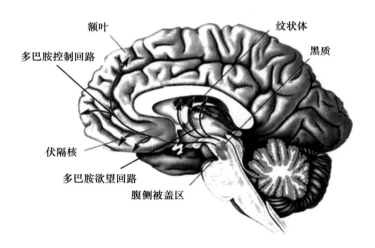

图3—1　多巴胺在大脑中的两个回路③

在真正行动之前，人总会有意无意地对自己将要实施的行为或决策之成效进行预测，多巴胺的功能正是对行为成效预测的误差进行评价——这

---

① ［美］Mark F. Bear、Barry W. Connors、Michael A. Paradiso：《神经科学——探索脑》（第四版），朱景宁、王建军主译，电子工业出版社2023年版，第548页。

② ［美］丹尼尔·利伯曼、迈克尔·E. 朗：《贪婪的多巴胺》，郑李垚译，中信出版集团2021年版，第62页。

③ 本图综合改编自：［美］Mark F. Bear、Barry W. Connors、Michael A. Paradiso：《神经科学——探索脑》（第四版），朱景宁、王建军主译，电子工业出版社2023年版中图15.14和［美］丹尼尔·利伯曼、迈克尔·E. 朗：《贪婪的多巴胺》，郑李垚译，中信出版集团2021年版，图2—1。

种"评价"即所谓"奖励预测误差"（Reward Prediction Error，RPE）[①]，并根据评价结果对下一步行动进行控制和强化。因此不只是药物，人类行为及其带来的不同后果也会影响神经系统中多巴胺的分泌。换句话说，多巴胺是对意外的反应，即对可能性和预期的反应，它在"欲望回路"中的增强促进了冲动行为，形成了"想要"的感觉[②]。例如：如果行为实施以后的"实际成效"大于实施前主体对此的"预期成效"（不妨称为正向RPE），则多巴胺分泌会增多，产生"想要"感，激励大脑进一步促进该行为的产生；且正向RPE越大，多巴胺分泌越多，主体采取进一步类似行动的欲望会越强，于是主体以后的决策会倾向于不断重复和强化该行为，进而产生更多"想要"感，形成一个"增强行动循环"；反之亦然，当RPE为负向时，会形成一个"减弱行动循环"，见图3—2。

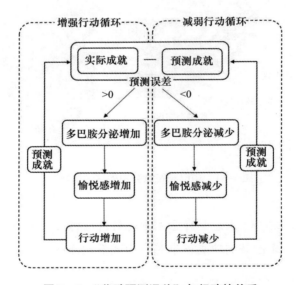

图3—2 "奖励预测误差"与行动的关系

① Schultz, W., Dayan, P., & Montague, P. R., "A Neural Substrate of Prediction and Reward", *Science*, Vol. 275, No. 5306, 1997, pp. 1593-1599.

② ［美］丹尼尔·利伯曼、迈克尔·E. 朗：《贪婪的多巴胺》，郑李垚译，中信出版集团2021年版，第53页。

与此同时，多巴胺的另一条通路，即新皮质中额叶的"控制回路"，本应促进额叶的理性调控和计划功能，发挥"刹车"作用对欲望进行控制，却因额叶恰好是个体发育最晚成熟的脑区（直到二十几岁成年早期才完全发育完成），其应有的调控功能受到了阻碍。所以一般而言青少年体内大量分泌的多巴胺会通过"欲望回路"使其"速度与激情"爆棚，而发育不全的额叶则会使其"刹车失灵"而难以自控，最终导致他们较易产生情绪波动、打架斗殴、游戏成瘾等冲动和控制失调行为。

基于目前获得的科学证据，上述对多巴胺在行为成瘾中的作用分析或许只是冰山一角，但已经可以看出，神经递质在调控人们心理和行为中的作用机制复杂而微妙。而除多巴胺外，还有多种神经递质参与了决策、行为和体验的生理学过程，例如：涉及"战斗与逃跑"反应的肾上腺素（adrenalin），涉及"警觉和权衡"反应的去甲肾上腺素（norepinephrine）和"提高神经兴奋性"的谷氨酸（glutamate）。我们在后文讨论"决策和成就"等游戏要素时将会有所涉及。

二 主客体互动关系

如前所述，游戏和网络虽然迷人，但并非所有使用者都会对其上瘾。研究发现，个体自我认知特点和行为成瘾有一定相关性，而这些独特的个性特点则是由主体的心理结构和外部环境及活动的综合作用而形成。例如：低自尊（low self-esteem）和网络成瘾程度成正相关；网络成瘾者大多有较高的感官追求（sensation seeking）和寻求解脱（disinhibition）的倾向，常常比较内向、寂寞、害羞和焦虑，呈现较多的行为和身体强迫性，因此相对来说性格内向敏感、交际困难的人更容易玩游戏或上网成瘾。当他们在现实中难以自我实现，在家庭、学业或职业生活中遇到不顺心的事件时，由于不擅（或不愿）和真实世界的人群进行交流，就很自然地在游戏或网络中寻找属于自己的空间和伙伴，乐于以一种较为隐蔽和间接的方式发泄情感，把虚拟世界当成逃避现实的地方。

至此我们大致可以看出，存在于人机或人际交互性活动中的某种独特的信息交流机制，比如赌博或电子游戏，可能会对人的行为产生某种具有"黏性"或吸引力的影响，而人的行为又受到内部神经系统的控制，或者说，以人的外部行为为中介，这种特殊的信息交流机制影响到了人体内部精神世界的运作。因此，要深刻理解行为成瘾，有必要对这种具有"黏性"的互动机制的内外根源和产生过程进行适当回溯，而在理解了这种内外互动的基本逻辑和关系后，本书将重点探索这种具有心理吸引力的信息交互机制，或者说能产生这种机制的人际或人机活动的交互原理，而对人体神经系统和生理学方面的内部结构和发生过程将不再做过多深入讨论。

那么，什么样的人际或人机交互活动会对其参与者产生吸引力甚至使人上瘾呢？或者说，这些行为活动具有什么要素和特点？这些要素又是何种关系、如何变化，进而影响到行为主体或活动参与者的主观感受？

古人所谓"食色性也"，并不否认欲望是人的秉性，而英国学者奥福特（Orford）从心理学和社会学的角度考察后也认为，吃和占有欲是人类天性，而成瘾则是对这类欲望"过量"诉求的失控行为。一般情况下大多数人由于受到社会文化、法律和道德观念的影响、规范和威慑，这些欲望和行为受到了抑制，如果有些人由于某种原因，受到的社会制约和影响力有所削弱，则可能成为发生这种"过量"行为的危险人群。从上述角度出发，他进一步指出影响成瘾行为形成的若干要素，发现互动行为中可能出现的"初级正向刺激学习机制""次级放大过程"和"冲突性后果"等三个要素对于行为成瘾的形成着有重大影响①。

（一）初级正向刺激学习机制

所谓初级正向刺激学习机制（primary positive incentive learning mechanisms）是指，当个体在社会生活中遇到某种行动挫折、成就缺乏、情绪障碍或心理失衡的问题时，会用相应的行为来进行情绪调节或心理调适，对

---

① Orford, J., "Addiction as Excessive Appetite", *Addiction*, Vol. 96, No. 1, 2001, pp. 15–31.

这种行为的依赖、强化和习惯化就是一种初级的正向刺激学习过程。

例如：当学生在学业中感到无趣或遇到困难，而又长期不能与家长和学校进行有效沟通或获得帮助时，则可能产生某种无聊、压抑、挫败甚至自暴自弃的心理，如果此时接触到有趣的电子游戏或 Cosplay，就可能通过这种轻松的玩耍方式来寻求刺激、解脱苦闷和情绪宣泄。前文说过，多巴胺正是这种寻求未来刺激的驱动力，它会随时评估"奖励预测误差"（RPE）。一旦玩家接触这些新奇事物，发现比烦闷的学业轻松有趣，则RPE 为正，多巴胺随即大量分泌，促进了"想要"继续下去的感觉；当发现上手的游戏很好玩，多巴胺则会分泌更多，倾向于重复和强化该行为，产生更多想玩感，形成一个"增强行动循环"，如此不断重复，把学业抛到九霄云外。

或许当活动结束冷静下来后，主体也会因浪费了时间、耽误了"正事"而产生短暂的失落、悔恨和懊恼感，但学业方面的障碍依然存在，困境仍然没有改善，这时如果接触到某些有相似遭遇的同龄人，就有可能同病相怜，结成某种抱团取暖的小团体；抑或二者兼有，和同伴一起继续玩，获得群体关怀、调适心理平衡和达到某种解脱。

（二）次级放大过程

次级放大过程（secondary amplifying process）是成瘾行为形成的独特又核心的部分，根据发生的时机和心理变化的不同又可分为两类过程。

一是习得性情绪调节循环（acquired emotional regulation cycles）。当主体为达成某个目标而做出某种行为，就开始了初级学习机制的建设（比如开始打电子游戏），并在这种活动过程中对该任务和活动逐渐熟悉，行为水平或技能逐渐提高后，所建立起的又一种情绪调节机制就是习得性情绪调节循环。在电子游戏中最常见的就是"破记录"现象，它指的是玩家逐渐熟悉某个游戏，游戏技能越来越娴熟后，会总想突破自己或别人已有的成绩或分数，打破最高纪录，输了不服气，赢了还想赢，一次又一次地尝试和突破，而逐渐对游戏欲罢不能。从神经生理学的角度看，通过努力不断突破自己的极限，是一种持续的正向"奖励预测误差"（RPE），会不断地促进玩家多巴胺的分泌，由此获得的"想要"感又使得玩家进一步去挑战极限，最终形成一个不断增强行动的"破纪录"循环。当然，如果游戏者由于某种原因，技术一直"很菜"，成绩或分数总是不好或达不到预期、找不到感觉，则可能慢慢失去兴趣，直至停止玩游戏。

　　不难看出，这种发生在人机或人与人之间的，从"新鲜"到"掌控"、从"菜鸟"到"老手"、从"活下去"到"破纪录"，使主体在活动中不断体验到"爽"和"刺激"的信息互动机制，和上文从多巴胺等神经递质代谢的层面对游戏成瘾的解释，构成了一种关于活动"吸引力"机制的从外部社会行为到内部神经学过程的相互印证，见图3—3。

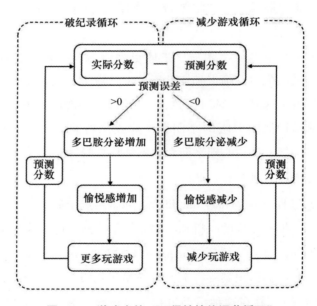

图 3—3　游戏中的"习得性情绪调节循环"

　　对这种发生在游戏者和电子游戏之间的博弈，其更具体的互动要素、机制和心理过程，我将在第四和第五章中更详细地论述。

　　值得指出的是，和游戏中的心理类似，病态性赌博中的"翻本"（chasing losses）现象也是一种典型的习得性情绪调节循环，指的是当赌徒在多次输了赌局后，会产生一种强烈的渴望，不惜孤注一掷以赢回失去的一切①。显然，当玩家在游戏中高度投入又遭遇挫折时，也会有类似的渴望、后悔、郁闷、发怒甚至不计一切的"翻盘"心理，例如有的玩家在下棋打牌时屡战屡败，导致心情烦躁甚至大动肝火和对手争吵。但这充其量只是某种"丢面子"或"不服输"而已，这种纯粹的游戏（下文会对什么是游戏的真正本质做详细讨论）与赌博活动和竞赛根本不同的是，游戏的结果不会直接影响到该活动以外该玩家的真实生活世界。比如：玩家输棋或在游戏中大量"失血"甚至被"K.O."（终结），这种失败、受伤或死掉在真实世界中对其生理健康不会有任何直接伤害，产生的影响最多只是这个虚拟失败带来的沮丧心情而已。但赌博则显然不同，它常常事关真实世界的财物和其他问题（这本身常常就是赌博的最大目标），换句话说，赌博和游戏最大的不同不在于活动的形式和规则，而在于活动结果与参与者真实世界的相关性。无论是猜拳、打牌、下棋、探险、角色扮演、策略经营或任何其他类型的游戏，当胜利者可以赢得钱财（或任何其他物质或荣誉）而失败者要付出代价，那么这个活动就不再是纯粹的游戏而演变成了竞赛或赌博。显然，从活动形式和参与者的心理动机和过程来看，赌博和游戏的关系千丝万缕，密切相关，但前者涉及的神经活动和社会性后果比后者还要复杂、深刻和严峻得多，这也是赌博行为难以停止、更易沉迷和危害更甚的重要原因之一。这类问题超出了本书关注的范畴，不做讨论。

　　二是失操守效应（abstinence violation effect）或破堤效应。马莱特（Marlatt）等在《复发的防治：成瘾行为者的持续治疗策略》一书中这样描述道：行为成瘾者（或物质依赖者）虽下决心戒除病态行为，但常常不能贯彻始终，好不容易坚持住的"操守"往往在各种因素（对刺激和愉悦感的向往，对破纪录和翻本的渴望等）的反复冲击之下变得不牢固，会有控制不住"再来一次"的事情发生。可这"再来一次"往往就使得前功尽弃，既然已经破戒，那就"破罐破摔"不管那么多了，自定的约束、操守

---

① Turner, N., E. "Conceptual Challenges from Pathological Gambling", *Journal of Gambling Issues*, Vol. 14, No. 14, 2005, p. 11.

和节制的大坝很快就会被随之而来的欲望波涛所冲垮，是谓"破堤"①。

(三) 冲突性后果

冲突性后果 （consequences of conflict） 是指，当成瘾行为影响甚至破坏了个体的健康和原来生活的和谐后，往往会造成很多糟糕的后果，例如上文提到家庭、学业、职业危机和身心健康问题。面对诸如亲友的失望和责难、工作学习无法继续等困境，沉迷者常常会产生负罪感、无助感和自责等各种不良情绪，在得不到及时帮助的情况下，往往会自暴自弃，越发深陷成瘾行为的泥潭。实际案例中，很多青少年沉迷游戏难以自拔，学业荒废而无颜面对家人时，常常干脆滞留网吧彻夜不归，就是游戏成瘾后的一种典型的冲突性后果。

三　家庭和社会因素

一方面，很多家长和教师由于对技术、游戏或成瘾活动缺乏足够了解和体验，使得他们对青少年这方面的监管和引导无能为力，由于教育观念的演进和条件的改善，目前教育领域对计算机和网络的使用日渐增多，信息技术在学习中的地位日益重要，因此当学生以查资料、做功课为名对手机和电脑过度使用时，往往使得家长们不知所措。北京市的一项调查显示，有27%的家长对孩子上网和玩游戏不闻不问；19%的家长虽然知道自己的孩子在用电脑，但不了解具体的内容；而54%的中学生则对家长隐瞒了自己上网和玩游戏的真实情况。

另一方面，当青少年产生某种学业或生活方面的危机或障碍时，在家庭成员之间和师生之间如果缺乏有效的沟通（例如：家长和教师往往简单地将问题归罪于网络游戏、小视频或情色动漫的泛滥而不愿或不会和学生深入交流），进而难以形成有效的解决办法，则上网、打游戏往往成了青少年寻求交流、逃避压力和宣泄情感的最好途径。如此种种，为产生行为成瘾的"初级正向刺激学习"提供了可能性，并且必然会带来一定的健康问题和社会性

---

① Marlatt, G. A. et al., *Relapse Prevention: Maintenance Strategies in the Treatment of Addictive Behaviors*, New York: Guilford Press, 2005.

的"冲突性后果"，久之则可能产生某些心理问题和不良行为。

四 综合分析

基于认知神经科学关于成瘾行为内在神经机制的研究和影响行为成瘾形成的若干要素，并结合上述对于游戏成瘾形成原因的具体分析，我们可以进一步总结出环境（家庭和社会）、客体（游戏）和主体（游戏者）等因素的互动关系对于游戏成瘾形成的影响和决定作用，见图3—4。

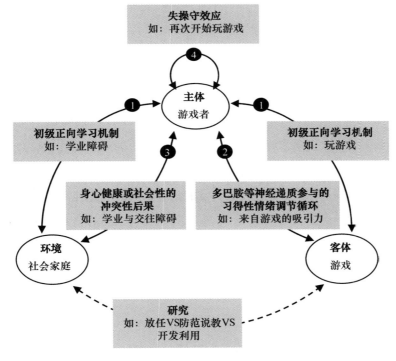

图3—4 游戏成瘾综合分析

图中的实线箭头表示成瘾要素在各因素间的直接作用和关系，数字表示这种作用的大致顺序；虚线则暗示着在二者之间可能存在'约某种非直接的、但对游戏成瘾仍具有一定影响的作用关系。

综上所述，游戏成瘾受到多方面因素的影响，如果某个体沉迷其中并由此产生各种不当甚至恶劣的后果，并非其中某个单一因素决定。总的来说，来自游戏自身的吸引力为游戏成瘾提供了某种客观的物质基础，而来自家庭和社会环境的不良影响则可能将这种吸引力在某些个性心理较为独特的个体身上，放大成为某种难以抗拒的独特诱惑或需要，最终导致沉迷游戏及各种恶劣后果。因此，在对游戏成瘾进行防范或利用的研究时，理应采取多维的取向和多种策略。不难看出，在上述游戏成瘾的三个主要因素中，社会环境和活动客体这两个人为的因素相对容易影响或控制，而游戏者的个性特点则不易被改变，因此现实中，人们对网络游戏成瘾及其应对策略的研究也大多从这两个角度出发。

第二节　解决途径

一般来说，人们通常对游戏成瘾持负面看法，因此主要对成瘾者从心理辅导和法规限制的角度进行教育与调控，这当然有其现实合理性而无可厚非。另一种思路是，能否从设计和开发的角度，对游戏这种古老而有趣的人类交互活动进行探究、剖析和利用，提炼其中引人入胜的核心机制，进而将之融入更加丰富和有益的严肃教育活动呢？显然，如果认识充分应用得当，这两种取向的策略和方法对解决青少的教育问题将互为补充、相得益彰。

一　调控和引导

可以说，这种策略在一定程度上已经为教师、家长和教育界相关人士自发地使用，因此不但相关研究和文献的探讨比较充分，而且已经开展了一系列的实际行动，甚至已经为政府部门和游戏公司所采纳，并取得了一定的效果。这些策略总的来说可以归纳为个体的自我管理、学校和家长的教育和监督、心理专家的咨询与治疗，以及国家的政策与法规等四个方面，表3—1是这些策略中较有代表性的观点汇总。

表 3—1　　　　　　　　游戏成瘾的教育和调控取向策略

研究者	对策
国外学者	自我管理：新的作息表，事件阻止（打岔），目标设定，克制，提醒卡片，个人活动列表 社会关怀：家庭治疗，群体支持
国内学者	自我管理：树立正确的价值观，锻炼意志，提高是非判断能力，学会自我控制 教育关怀：实行家庭教育民主，建设校园文化，增加青少年活动设施，创新教学方式 心理治疗：开展心理咨询和关怀，必要时辅以药物治疗 政策法规：建立专门的政府部门，加强网络管理和游戏内容审查，制定相关管控政策和法律
政府部门及游戏公司 （国务院、网信办、新闻出版总署和腾讯、网易等）	政策法规： 2000 年《文化部等部门关于开展电子游戏经营场所专项治理意见的通知》 2002 年《互联网上网服务营业场所管理条例》（后经历 2011、2016 和 2019 年三次修订） 2004 年《关于开展网吧等互联网上网服务营业场所专项整治意见的通知》 2004 年《关于加强网络游戏产品内容审查工作的通知》 2005 年《网络游戏防沉迷系统开发标准》和与之配套的《网络游戏防沉迷系统实名认证方案》，规定"健康游戏时间" 2013 年《未成年人网络游戏成瘾综合防治工程工作方案》 2017 年《未成年人网络保护条例（送审稿）》 2017 年网络游戏健康系统严格实名认证、时段管理、充值和强制下线等 2019 年《关于防止未成年人沉迷网络游戏的通知》 2020 年《网络游戏适龄提示》 2020 年《中国游戏领域未成年人保护白皮书》 2021 年《国家新闻出版署关于防止未成年人沉迷网络游戏工作的通知》

另外，鉴于游戏成瘾的影响日益严重和扩大，民间人士、社会各界或成立专门机构、或进行公益活动，开展了一些针对青少年的"心理脱瘾"治疗。此类方法虽操作方式各不相同，但本质上说都源自上述的第二和第三类策略，属于教育开导和心理辅导的范畴，其流程可以大致归纳如图 3—5 所示：

图 3—5　心理辅导流程①

①　刘华山主编：《学校心理辅导》，安徽人民出版社 1998 年版，第 390 页。

不可否认，这些积极的活动是一些有益的尝试，但传统上这类心理辅导的实施者往往自己并不打游戏，缺乏深入的相关情感体验，因此和游戏沉迷者很少有共同的话语交集，难以引起后者的情感共鸣；且实际操作中随意性较强，缺乏严谨的科学理论和证据的支撑，效果难以准确而全面地评估；对具体操作者的专业技能与道德水平等各方面素质要求较高，大面积推广也存在较大难度。因此现实情况常常是适得其反，遭致青少年的逆反和抵制，甚至对其造成更深的伤害，尤其是打着治疗旗号实施摧残、进行牟利的犯罪活动更成了一大社会毒瘤。

在传统的心理辅导策略看似并没有取得多少令人满意的成果的同时，可喜的是，近年出现了一些别开生面的新方法，一些电竞从业者和职业俱乐部（比如"星宇电竞正念"）开始从游戏专业化和心理辅导的综合性角度进行正向引导的实践。他们首先运用高超的专业技能，从游戏实战的角度对青少年沉迷者引以为傲的游戏技能进行"降维打击"，使其从情感深处受到"天外有天"的震撼，愿意敞开"心理城门"和导师进行交流；然后以深刻的游戏体验和丰富的行业经验为基础，从成就感重建、职业前景分析和亲子沟通等方面和沉迷者的家庭进行沟通和正向引导，使后者能重新深入审视自己沉迷网游的心结，正视和思考游戏领域的现实状况，从而主动建立积极的学习和价值取向。目前看来，这的确是一种个性化的、务实有趣的防治游戏成瘾的新策略。

二　开发和利用

国内外学者、教育界和行业相关人士对游戏上瘾的成因、危害和预防所进行的教育和心理学视角的研究和探讨，无疑为解决这一社会问题打下了良好基础。但值得指出的是，游戏成瘾对于青少年身心健康和社会生活的伤害，以及伴随而来的其他负面影响固然应该预防和避免，但人类天性中向往自由、喜爱娱乐、渴望生命体验的本能同样应得到尊重。因此，如能洞察和提炼游戏之所以能引人入胜的内在机制，并在教学设计、课程建构和教育软件开发的源头进行设计和应用，既积极利用游戏的有利因素，使受教育者能在快乐的体验中学习，又能预防游戏者对其过度沉迷，则不失为一种更为积极妥善和以人为本的策略。

　　数字化的虚拟环境为人们提供了一种全新的、在普通生活中无法领略的亦真亦幻的体验模式。有研究发现，当游戏者完全沉浸于游戏中时，会获得某种愉悦的被称为游戏流（Game Flow）的体验①，当游戏者全身心"浸入"这种游戏流时，会感受到某种物我两忘的"巅峰状态"，在一定程度上，正是对这种美妙体验的向往使得玩家对游戏废寝忘食，乐此不疲。黄立文对 15 所大学的 700 多位大学生进行调查后发现，上网和游戏时产生的时间和空间上的"迷失感"（disoriented）与"远距临场感"（telepresence）等因素是导致网络游戏成瘾的重要原因，网友或玩家会"沉浸于互动时的心理满足感"，而"沉迷于网络上的多样应用"② 在互联网和游戏的虚拟空间中难以自拔。

　　不难理解，这种玩游戏时产生的沉浸感和吸引力应该来自人机和人际间的某种信息交互行为，进一步设想：能否将这种吸引力进一步细化，对其来源（游戏活动或环境）中的各类要素、相互关系、互动机制及其输入输出功能进行分析、归纳和提取，再以某种符号化和结构化的方式进行描述或表征，使之成为一种可资利用的游戏吸引力机制的信息表征模型？如果可行，则可以进一步结合教育学、心理学、教学设计及相关游戏理念的方法论，构建或产生一套实用而高效的设计方法和工具，为策划、创意、设计和开发面向学科知识或严肃内容的教育产品和教育游戏提供某种有力支持。

　　基于这一假设，下文将从娱教理念、心流体验、体验学习和游戏架构等角度探讨游戏吸引力机制及其教育应用的道德合法性和方法论可行性，它们之间的关系可以这样描述：

　　首先，娱教理念将探讨游戏吸引力模型在教育中进行应用的合理的道

　　① Sweetser, P. & Wyeth, P., "Game Flow: A Model for Evaluating Player Enjoyment in Games", *ACM Computers in Entertainment*, Vol. 3, No. 3, 2005, p. 3.

　　② 黄立文：《网络使用的快感与神迷：游戏理论与网络浏览行为之初探》，"中山大学"学术网络研讨会会议论文，高雄，1998 年。

德论和方法论基础；其次，心流体验理论则为该模型的建构提供了直接而可靠的心理学依据；再者，以自主探究、情境认知和问题化学习为基础的体验学习理论为其架设起了教育应用和学习环境的桥梁；最终，游戏理论提供了该模型的实现途径和整合平台。

第四章

教育与游戏：寓教于乐新思考

> 知之者不如好之者，好之者不如乐之者。

> ——《论语·雍也》

　　严肃的教育和轻松的游戏可能和人类的历史一样悠久，都是人类精神生活中不可或缺的两种重要活动，前者传承文明成就和精神财富，后者使人体验到活在当下的生命乐趣。使前者和后者能和谐共进地寓教于乐也一直是人类一个美好的教育理想，然而教育的他律性和娱乐的自由性取向似乎是人的社会属性和自然属性中天生不可调和的一对矛盾，这使得此类古老的命题虽有美好愿望却难以真正付诸实践，常常只能处于猜想的状态。

　　人类科技的迅猛发展和认知水平的急速提升给社会的各个层面带来了翻天覆地的变化，新思想新工具层出不穷，它们是否也会给教育和娱乐注入新的活力，为回答"寓教于乐"这一古老命题提供新的思路和可能性呢？

第一节　娱教：教育游戏道德合法性

　　相对于"寓教于乐"，更令教育者印象深刻的可能是"玩物丧志"。在实际操作中，"寓教于乐"在内容上往往被简单化、去情境化乃至庸俗化，形式上则说教化和孤立化，分寸也不好把握，难以取得良好效果；而短暂寻乐、玩物丧志导致的学业和生活困境在现实中则比比皆是，因此教育者宁愿受教育者舍去暂时的乐、承受现实的苦，去寻求未来的成功可能带来的更多乐趣也就不难理解，在道德和方法上似乎也具有了更大的合法性。然而在物质和信息资源极大丰富，个人体验日益得到重视的时代，二者的本质和含义是否在悄然改变呢？

一　尊重学习者的生命体验与乐趣

移动互联时代，各种娱乐信息无孔不入，对好奇心和精力旺盛的青少年具有最强的诱惑力，电子游戏玩家中最大的群体也正是在学校接受严肃教育的年轻学子，网络游戏、娱乐和社交业已成为其生命体验中不可或缺的重要部分，因此研究"乐"对"教"的影响已势在必行，重提"寓教于乐"具有强烈的现实意义，有必要把这四个字放在时代发展的大背景下，从技术哲学的角度进行一番考察，审视其应有的新内涵。

（一）"乐"的价值

对"乐"的意义及其与教育的相互关系做必要的价值判断及方法论研究，乃是寓教于乐能否实现的先决条件和关键所在。表面上看，"乐"的意思似乎比较清楚，即教育的体验应该是愉悦的，教育手段应能激发学习者的兴趣，进而使其产生对学习的美好向往和持续动力。基于传统价值观，人们往往认为儿童的教育是为成人以后做预备[1]，教育的价值观和方法论完全取决于未来社会可能的需要，而"乐"在教育中的地位充其量只是为使儿童达到成人社会预设的道德和智力标准的若干手段中一种可能的方式，其内容（尤其在正规学校教育中）完全由施教者按其道德标准、价值取向和培养目标为受教育者进行设计和指定。

这样做的一个后果是可能导致受教育者真正的生活体验与教育目标、内容和手段之间的情境割裂，受教育者往往感受不到真正的"快乐"

---

① 　[美] 约翰·杜威：《民主主义与教育》，王承绪译，人民教育出版社 2001 年版，第 63 页。

（即使有也是短暂的），因为社会的主流价值观认为他们还不到"乐"的年纪，现在的"乐"只是手段，是为了达到成人阶段以后合理合法"乐"的目的。因此，这种"乐"是被动的，由教育者施舍和控制，其选择，表面上看是内容和形式的取舍，实际上更深刻的根源在于对生命的价值判断，即受教育者的当前生活阶段是否与其整个人生的其他阶段具有同等重要的地位与价值？前者和后者从道德上说是否应得到同样的尊重和待遇？如果教育者忽视受教育者当前生活的真正乐趣与意义，而只想当然地生造一些看似热闹，但却脱离受众的真实感受与生活情境的、苍白而肤浅的"乐"施予受教育者，则后者是否愿意享受并消化吸收它们呢？教育者不但遇到了设计和选择"乐"的内容和形式的难题，还可能面临美好的愿望和一厢情愿的努力被嗤之以鼻的尴尬。

因此要产生真正对受教育者有意义的"乐"，必须不仅要研究方法论，考察"乐"如何成为学习者学习的动力和手段，更要对其在价值与道德层面上给予真正的尊重，即承认"乐"或者有趣的体验，是学习者当前生活的合理合法的目标和内容，乃至整个生命历程中有益又有价值的部分之一。

（二）"教"的方式

关于如何"教"的研究和实践是每一个教育工作者（也包括家长）不能回避的问题。面对以游戏为首的数字娱乐的冲击和渗透，目前教师和家长们的态度大多是无奈、回避或粗暴的；或视而不见，漠然置之，或一概不问，鞭挞封杀，这种做法至少可能产生两种消极的影响：

（1）学生在其感兴趣的娱乐活动或类似情境中表现出来的旺盛的活力、团结的品格、细致而坚韧地解决问题的能力和难能可贵的创新精神，在碰到正规教育时便荡然无存！而这些素质和能力不正是我们教育的理想目标吗？

（2）如果一方面是娱乐对生活的全面渗透与冲击，另一方面是学生必须对诱惑视而不见，恭聆与完成师长规定的枯燥教条与脱离生活经验的无尽学业，那么学生身心的疲惫甚至精神的某种程度的异化或扭曲也就不足为奇了①。

从行为主义到人本主义，从以教师为中心、知识为目标、重视"教"，逐步演化到以学生为中心、以人为本、重视"学"，无疑是人类科学精神和人文素养共同进步的一个具体表现，但是在实际教学中，用何种具体的方式以"学生为中心"，以何种可行的手段让被动地"教"转变为主动地"学"，也正是关键和难点所在。

一种有益的尝试是把上文提到的与生命的直接价值相关的"乐"渗透到教学中来，使真正能让教学中的主体——学生——感受到生活乐趣的方式与技术进入教学，在他们熟悉的环境中以自己感兴趣的方式进行主动的学习和探索，提出发自其内心的新颖而有意义的观点和看法，使其不再感受到学习与生活的经验和乐趣是割裂甚至对立的，而是自然渗透、和谐互促的。

同时，这个建议的提出也可以看作是从教育的角度，对人类的文明发展与由此产生的可能危及自身的副作用，这样一对更深刻矛盾的思考，即：如何看待数字技术和人工智能的出现所带来的新观念、便利性和由此产生和放大的新旧社会问题。这些问题对学生的负面冲击和影响是老师和家长不愿看到甚至痛心疾首的，但的确又是人类文明发展至今的一种新的表现形式和必须正视的社会问题。如果教育者放弃对这些问题的客观研究，简单地把厌学、暴力、色情等相关社会问题产生的原因一股脑儿地归之于"低级趣味"的小视频、网络游戏、情色动漫和 Cosplay 等"文化垃圾"，不但无助于问题的解决，而且容易触发学生的逆反心理，那么当教育者以居高临下又急功近利的姿态对所知甚少的网游或动漫进行空洞的批评时，遭到有实践经验和批判精神的学生的嘲笑也就不足为奇了。

---

① 据中国科学院心理研究所发布的《2022年国民心理健康调查报告：现状、影响因素与服务状况》显示：青年为抑郁的高风险群体，18—24岁年龄组的抑郁风险检出率高达24.1%，显著高于其他年龄组。另据《人民日报》健康客户端、《健康时报》等联合发布的《2022年国民抑郁症蓝皮书》显示：截至2022年8月，我国患抑郁症人数9500万，青少年抑郁症患病率达15%—20%，18岁以下的抑郁症患者占总人数的30%，50%抑郁症患者为在校学生。

（三）对"乐"和"教"的系统思考

上述问题的彻底解决无疑需要整个社会的思考与行动，但从教育的角度进行一番系统化的考察与实践可能更是一种直接而有效率的尝试。

学习型组织的积极倡导者，美国学者彼得·圣吉（Senge，P.）曾提出了一系列解决复杂系统问题的基础概念模型①，其基本思想认为：对于一个复杂系统问题来说，往往存在症状解与根本解。一般来说，症状解容易得到，并能使得问题症状暂时缓解，但一段时间后问题反而会变得更为复杂和严重，而根本解虽能较彻底地解决问题但却较难发现，并且从施行到见效可能会有一个时间滞延。人们往往倾向于采用简便速效的办法解决问题，而不愿费时费力地去寻找根本解，这就是"舍本求末"基础模型的基本思想。我们不妨把前述问题代入此模型进行一个分析，见图4—1。

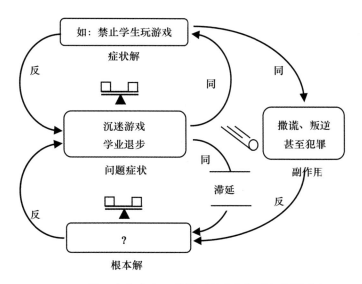

图4—1　用"舍本求末"基模对教育与娱乐问题的分析

---

① ［美］彼得·圣吉：《第五项修炼：学习型组织的艺术与实务》，郭进隆译，上海三联书店1994年版，第114页。

可以看出，如简单地采用简便易行的"症状解"，例如禁止学生玩游戏、上网、看"低俗爽文、动漫"等，虽然也许可以使沉迷游戏、学业退步等症状在一定程度上暂时得到缓解，但却无助于问题的根本解决，且其副作用可能产生更大的问题，如：撒谎、逃避、懦弱、叛逆、抑郁，甚至犯罪等等。这种例子在生活中不胜枚举，并非危言耸听。因此，应对此问题深入研究，抓住问题的根源，寻求根本解。在此我们提出一个思考此类问题的新途径——娱教，它可能是真正解决此类问题的一个有效子集。

二 教育和娱乐的新命题

（一）释义

在实践中，将"娱乐、消遣或游戏"和"学习、教育或知识"相结合的相关研究、产品和活动，在历史上有很多不同的名称，含义相近而各有侧重，近几年最常见的叫法是"教育游戏"和"游戏化学习"。一般而言，前者侧重软件和产品，后者关注围绕前者而开展的学习与教学活动或学习环境构建。本书的重点在于如何提炼游戏中可用于教育产品或活动设计的吸引力核心机制，而非精确的语言和文化学考据，因此为简洁起见，参考国外的命名方法，把二者所反映的教育与娱乐相结合的研究和应用领域称为——娱教；另外，在不妨碍对"寓教于乐"的实质内涵理解的情况下，也不对"娱"和"乐"做原始语义上的辨析，而是将二者用做同义语。

类似概念在欧美等国一般称为 Edutainment。这显然是一个新造词，Edu 取的是 Education（教育）的前缀，tainment 则取 Entertainment（娱乐）的后半部分，寓意教育和娱乐的结合（这也是我们将 Edutainment 称为"娱教"的原因）。Edutainment 在其发展的早期一般被认为是一种混合式的紧密依靠视觉化和多媒体的学习材料，比如以某种有趣的故事叙述或轻松的游戏形式展开的较少说教的学习类型。Edutainment 的提法虽然在 2000年前后可能就出现了，但一直未能得到严谨充分的研究而成为一个有较大实用价值的领域，这可能一方面是因为信息技术和多媒体技术尚未成熟，很难为用户营造真实而有趣的情境体验，更重要的原因则是对其中"教育和娱乐""学习与游戏""严肃与放松"或"知识与趣味"等核心议题尚未有足够深入扎实的研究。比如：娱教的目标是什么？学习与游戏是其构成的核心要素吗？它们的关系是什么？它们如何整合在一起？会否互相干扰？如何评价其有效性？

出于善意的推断，可以认为很多娱教产品在设计和开发之初其动机都是良好的，但也毋庸讳言，由于缺乏对上述议题的足够研究，它们当中的大多数又仅是单凭直觉与热情，通过或花哨或呆板的技术手段，直接将学习材料强行植入电子游戏而产生，成为某种缺乏自身灵魂的杂烩或"弗兰肯斯坦"①式的奇怪拼接品。本书接下来的部分，将尝试结合教育哲学、心理学、学习环境和游戏理论，对上述问题从涵义、价值、目标、方法论到构建工具展开讨论，为寻找或塑造娱教的核心灵魂进行一番探索。

（二）理论定义与立论假设

1. 理论定义

从广义的教育价值和方法论的角度而言，我们不应对娱教做狭义的理解，将其仅仅局限于电脑游戏或娱乐业提供的产品化的实物与活动，而应重视学习者当前阶段的生活乐趣、意义和经验，将具有教育价值的娱乐技术和体验充分融入日常教育实践。

这里的"娱"应是一切与受教育者真正的生活经验相联系的、具有教育价值、能积极促进个人发展的，使受教育者能体验到生命乐趣与意义的最广泛的活动和事物。对这些活动和事物的形式无需作严格限定和分类，可以是数字技术支持的活动，例如：电子游戏、VR/AR、交互视频或动漫等，也可以是物理空间中进行的活动，如：文艺、影视、体育、传统游戏

---

① 源自英国作家玛丽·雪莱的经典小说《弗兰肯斯坦》（*Frankenstein*，1818）。弗兰肯斯坦是一位科学家，他创造了一个由尸块拼凑而成的怪物，其因外表丑陋和行为异常而令人恐惧。随着时间的推移，"弗兰肯斯坦"已经成了一个被广泛认可的文化符号，常用于描述各种形式的人造怪物。

和 Cosplay 等，其理想目标是将生命的体验与乐趣变为学习的目的与手段，见图 4—2。

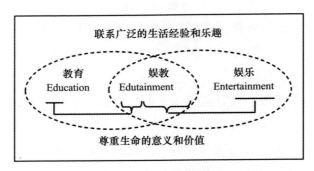

图 4—2　娱教思想

从目前研究和应用的实际情况来看，要给娱教下一个严格的定义还十分困难，但为研究和交流方便起见，也作为一种抛砖引玉的策略，我的博士导师祝智庭教授和我在 2005 年提出了如下定义，希望得到广大读者、研究者与实践者的指教。

娱教是以尊重学习者当前的生活价值为基础，通过创建、使用与管理恰当的活动方式、技术过程和支持资源，以促进学习者的生活体验和乐趣与学习目的与手段相融合的理论与实践[①]。

2. 立论假设

娱教的提出是基于人性论和认识论方面的如下两个假设：

（1）受教育者当前生活阶段与其整个人生的其他阶段具有同等重要的地位与价值。美国著名哲学家、教育家杜威（Dewey, J.）指出，"活动的目的和手段分离到什么程度，活动的意义就减少到什么程度"[②]。学习活动

---

① 祝智庭、邓鹏、孙莅文：《娱教技术：教育技术的新领地》，《中国电化教育》2005 年第 5 期，第 4—10 页。
② ［美］约翰·杜威：《民主主义与教育》，王承绪译，人民教育出版社 2001 年版，第 117 页。

最大的障碍莫过于丧失兴趣，而把教育的目的和手段割裂常常是导致这种丧失的原因之一。这种割裂的根源正在于不平等地看待受教育者当前生活阶段与其整个人生的其他阶段的地位与价值。由此提出的简单的"寓教于乐"不过是把快乐当作一种诱饵，作为促进学习的手段，即杜威所说的"把某种富有魅力的特征加入本来不感兴趣的教材，用快乐行贿，引诱儿童注意和努力"，此时，学习者感到的可能是一种短暂的，脱离生活情境的，与教材生硬结合并经过包装的"乐"，等待他们的仍然是学海（现在常常演化为题海）无涯的"苦"，于是这种奢侈而无聊的"乐"对学习活动的意义可想而知。

（2）与日常生活经验和乐趣相关的情境将对学习起促进作用。瑞士著名心理学家皮亚杰（Piaget，J.）的研究证实，人的认识决定于认知者和环境之间的互动和交流，知识是主体在与外部环境相互作用过程中逐步建构的结果[1]；美国著名教育技术学家乔纳森（Jonassen，D. H.）在研究了构成学习环境的各种理论基础后则总结道："学习既是内部的，又是社会的协商"，"人们不可能脱离自己进行活动的范围去建构知识"[2]。一方面，学校（或正规）教育不可避免地带有整齐划一、抽象甚至刻板的倾向，但其对学习者的影响又具有生活经验所不能比拟的准确、系统、全面和高效；另一方面，学生熟悉的日常生活经验和乐趣对学习及能力的产生和发展所具有的积极、持久而深刻的影响又正是前者所欠缺的，如能研究和提炼娱乐活动中关于兴趣和认知的积极因素，使其系统地渗透到正规教育中来，则可能有效促进学习者思维、能力和道德的积极发展。

三　娱教的价值与意义

娱教的基本思想在于顺应人类文明发展的历史潮流，承认并尊重学习

---

① ［瑞士］皮亚杰：《皮亚杰教育论著选》，卢濬选译，人民教育出版社 2015 年版，第18—33 页。

② Jonassen, D. & Rohrer, M. L., "Activity Theory as a Framework for Designing Constructivist Learning Environments", *ETR&D*, Vol. 47, No. 1, 1999, pp. 71-77.

者当前的生活价值，促进其"生活的体验与乐趣"和"学习的目的与手段"的真正融合。其基本目标在于在学校等正规教育的主流空间和活动中，融入日常生活的体验与乐趣，为学习者提供完整统一的学习生活情境；延伸学校教育的空间和时间，扩展教育资源和方式，消除或模糊学校空间和生活空间的界限，打破学校教育时间的限制，为校内与校外、学习与生活、教育与娱乐的融合提供支持。因而，其最大价值和难点正在于构建某种能提供娱教支持的技术，创立一套方法论与工具，操作性地支持这种融合。

游戏作为青少年喜闻乐见的娱乐方式，增加了他们生命体验的深度和广度，丰富着其精神生活，如能找到合适的方式与教育相结合，必能使游戏成为连接生命体验和文化与智慧的桥梁。而游戏成瘾是数字化和网络化所催生的新型社会问题，对其进行的研究和探讨则为提炼娱教方法论和工具提供了具有现实意义的突破口和可行的方法和途径。因此，如放弃从游戏吸引力的角度对"游戏成瘾"等问题的客观研究与合理利用，粗暴地将游戏"一网打尽"，则难免不同程度地激起青少年受众甚至娱乐业界的逆反心理。

同时，出于美好愿望，的确有越来越多具有创新意识的教育界人士希望能将教育和游戏各取所长进行融合，创造一种具有积极价值又让学习者喜闻乐见的学习环境。然而如前所述，教育的严肃性和游戏的放松性似乎是天生矛盾的，教育游戏不但面临着道德论层面的困境，更面临方法论上的难题，将教育和游戏整合在一起并不容易，"玩"中真的能"学"吗？"学"不会因为"玩"而分心吗？

实践中，简单粗暴地用"喝一口药吃一颗糖"的捆绑方式设计出来的"弗兰肯斯坦"式"教育游戏"并不少见，非但效果常常差强人意，或枯燥乏味、或莫名其妙、或荒唐滑稽，甚至沦为稍有批判精神和创新意识的学习者的笑柄；即便偶有佳作，由于缺乏对学习和游戏特性的深入理解和提炼，也难以继续推广。因此如果缺乏对相关学习理论的深入研究和对游戏的深入剖析，而只是简单地将教育或学科内容"掺入"游戏之中，将难免使"娱"和"教"貌合神离、无法真正融合而达到预想效果。

为探索能真正激发学习兴趣，构建既有益又有趣的学习环境的娱教技术，下文将进一步分析学习理论、心理学和游戏方面的相关研究，以及如何将这几方面的研究成果有机融合，在一个立体的视野中展开对游戏吸引力的研究与应用。

第二节　体验：学习理论基础

娱教理论的提出为寓教于乐这一古老命题打开了新视野、提供了新思路，但它毕竟只是一种道德论和价值论层面的抽象理念，要想真正让娱教理论之花结出应用的果实，必须要有一种更为具体、更有针对性的方法作为指导。而要将游戏中的积极因素进行合理的教育应用，也必须基于某种更为具体更具针对性的教育和学习理论，可以说，体验学习正是这样一座连接娱乐体验与学习理论的桥梁。

一　概述

广义上说，所谓体验（experience）指的是在经历某个事件和情境时，个人独特而主观的心理感受。人类的文明一直在进步，就当前的社会发展状况来看，个人的自我价值感及其在生活、工作和学习活动中的主观体验愈来愈受到尊重，有时甚至从事某种活动的目的就是为了满足个体的某种独特的心理需求。从本质上说，这种聚焦源自一种充满人文关怀、重视个体需要的人本主义价值观，目前逐渐深入人心的体验经济、体验学习等提法正是这种价值观的不同表现形式。

关于学习的观点是在不断演化的，体验学习的理念则在近年来慢慢得到教育界认可的人本主义理念的基础上逐渐得到重视。自20世纪90年代以来，学习理论在历经以工具理性和科学主义为根基的行为主义、认知主义的阶段之后，逐渐重视以人为本的诉求。这个阶段的学习理论以当代最新的脑科学、生理学为基础，综合了人类学和心理学的研究成果，对学习的本质与涵义进行了更加深入的剖析和探讨；以学习是意义建构这一假设为核心，逐渐形成了以学习的情境观、社会文化观和知识的建构观为代表的学习和知识理论。在建构主义者看来，学习是在"观察和练习某个文化共同体行为的过程中，学习者会挑选相应的行话，模拟其行为，让自己逐渐符合共同体的行为规范"①，学习和知识本质上是情境性的，真正的学习只能发生于一定的物理和社会背景中，而知识与活动是不可分离的。建构主义者把学习视为对不断变化的实践的理解和参与，把情境学习的过程称为"合法的边缘性参与"。在他们看来，学习实质上是一个文化适应与获得特定的实践共同体成员身份（比如家庭成员、学校学生、公司职员和运动队成员等）的过程，在参与某个组织或共同体的活动中，知识技能的发展与身份的发展同时产生于参与性实践。

总的来看，这些理论的主要观点可以分为三个方面②：

（1）主动建构：学习是学习者进行主动的意义构建的过程，而不是知识的传递过程；

（2）积极协商：学习是一个活动的相关参与者不断对话的过程，既有学习者内部的意义建构，又包含参与者之间的社会性协商；

（3）基于情境：学习发生在真实的活动情境中，知识是由人所运用的各种认知或物理工具作中介的。

不难看出，这些理论均强调，有效的学习是在主体亲身经历的基础上，进行主动的意义建构，知识的意义是主观性的，只有在真实情境中活动或解决问题时才能获得。值得指出的是，这种属于个体的主观性意义未必一定符合真理，或者说不一定是正确的，但它却是学习的必然结果，显然也会在后续的学习过程中不断受到检验和校正。体验学习正是产生在这

---

① ［美］戴维·H. 乔纳森主编：《学习环境的理论基础》，郑太年、任友群译，华东师范大学出版社 2002 年版，第 54—75 页。

② ［美］莱斯利·P. 斯特弗、杰里·盖尔主编：《教育中的建构主义》，高文等译，华东师范大学出版社 2002 年版，第 12、13、15—20 页。

样一种理论背景之中。

正如加拿大学者阿斯金（Askin）和克里孔（Crichton）所指出的那样，体验教学起源于情境学习理论，该学习理论强调融入人生大背景中或在真实生活场景中的活动和学习。美国学者金德利（Kindley）也认为，体验学习是在一个贯穿的背景中，一个情景或一个社会结构中发生的学习经历。为了更好地把握体验学习的运用场合和运用时机，国内学者把体验学习与知识性学习进行了对比，我进一步总结后将它们的若干基本特征对照列于表4—1。

表 4—1　　　　　　　　　　**体验学习与知识性学习的比较①**

比较项目	知识性学习	体验学习
学习内容	抽象化、符号化、确定性 以演绎的方式确定学习内容 专家根据学科及其组成确定学习范围，并设立正确和错误答案的标准	形象化、具体化、不确定性 以归纳的方式确定学习内容 当事人共同分享活动或学科事件的经验，确立表示成功的指标，描述成功和失败行为
学习目标	要求掌握的知识对象或主题	学习者行为和能力
学习结果	学习结果与学习内容直接相关，具有静态性，可以预测 学习结果具有共性或收敛性	学习结果取决于行为轨迹和对行为结果的反思，具有动态性，不可能完全预知 学习结果具有个性或发散性
学习过程	线性过程，由教师控制，高效率的直接方式	迭代过程，由学习者控制，低效、缓慢
学习评价	根据标准答案，区分正确或错误，采用评分评等级的方式	根据实际绩效反馈，以及未决的解决方案，提出建议与指导
适合的学科	相对简单，目标和内容明确，结构良好，高知识需求的问题，面向知识的学科	相对复杂，结构不良，高交互或高实践需求的复杂问题，面向绩效的学科

从表4-1不难看出，重视主体行动与感受的体验学习与专注于客观准确的表征符号化知识的普通学习在学习的目标、内容、策略、过程、结果

---

① 孙茁文、邓鹏、祝智庭：《基于娱教技术的体验学习环境构建》，《中国电化教育》2005年第 7 期，第 4 页。

和评价方面都不相同，它们适合的学科范围和问题域也不一致。体验学习是一种真实的感性的学习形式，注重动态的学习内化过程而非静态知识的抽象结果。在这种学习者与共同体融为一体的真实活动中，学习发生于活动之中，发生于主体和主客体间的交流之中，知识成为动态学习经验的天然"副产品"，不是刻意求之，却自然获得。

从这个意义而言，游戏似乎天然具有体验学习的主要特质。下文将分别从对学习者生活的意义、社会文化发展的视野和技术平台选择的角度，来考察这种新兴学习方式的价值和意义及其实现的原则和方法。

二　价值与意义

（一）贴近学习者的生活情境

自古至今，由于游戏所富有的挑战、趣味、刺激和探索等特性切合青少年身心发展的特点，从来都是青少年最喜闻乐见的一项活动，是其生活中最具魅力的体验之一，但传统的寓教于乐由于缺乏充分的教育哲学的思考、学习心理学研究和技术资源的支撑，始终只能停留于一种非主流的猜想和愿景阶段。时至今日，体验学习产生于学习者的主观感受、自我经验和个体价值日益受到尊重这样一种社会发展的历史宏观背景中，壮大于人类对于学习及知识的本质及过程的最新认识、研究与实践中，其目的在于促进主体在真实情景中获得有意义的学习，而以信息和人工智能技术为支撑的电子游戏则为情境化学习活动提供了强有力的平台支持。可以预期，如果开发合理运用得当，在教育实践中注意结合学科特点和具体内容适时适当运用体验学习，注意主观体验与符号化知识性学习之间的相互结合，将可能最大限度地熔冶青少年学习者真实的生活乐趣和学习经验，使其真正愿意主动学习、乐在其中并有所裨益，成为其他教育方式的有益补充，而其中的优秀产品则完全可能成为未来"元宇宙"等虚拟体验空间最有价值的活动方式和内容。

自由是人类最崇高的价值，使受教育者获得自由也应是教育的最高目标之一。席勒认为，游戏是艺术的源泉，是一种最广义的美感，既不受外在的实在强制，也不受内在的道德强制，使人达到了完整的自由，因此"只有当人是完全意义上的人，他才游戏；只有当人游戏时，他才是完整的人"①。现代社会由于工作和学习竞争加剧、生活节奏加快，人们的情感和压力更需要经常进行疏导和宣泄。对青少年来说，在众多的数字化媒体中，刺激有趣的电子游戏则首当其冲，占据着他们大量的时间、精力和注意力，日益成为其生活中最重要的一个部分。基于游戏的体验学习如果设计得当，完全有可能成为一种既蕴涵娱教理念又贴近学习者当前生活的学习模式。

一方面，娱教理论认为，受教育者的当前生活阶段与其整个人生的其他阶段具有同等重要的地位，强调"乐"对于学习者的当前生活与整个生命体验的价值，以及学习者的经验与乐趣对于学习与技能的产生与发展的价值；另一方面，体验学习理论认为，学习应该发生于学习者自己喜欢的或必须去行动的情境中，在与环境的交互中得到真实的信息反馈，调整自己的行为。因此当身处游戏化的学习环境时，学习者将可能在紧迫的游戏节奏中，下意识地经历一个个学习过程，自然自动地完成认知的反馈与调整；在这种不知不觉就全身心投入的体验中，"学习者甚至不能叙述出特别的原理，不能描述出自己行为的动机和过程，但是却能够在练习中以不断增长的技能去重复同样的行为"②，在自然而然、潜移默化之中进行学习。

体验学习的核心在于构建某种支持有意义学习的情境平台或活动环境，这种平台既可能是传统的社会性事件和背景空间，也可能是计算机或网络技术营造的某种情境氛围和活动空间。如前所述，游戏一直是最受青少年喜爱、最为他们所熟悉的活动之一，以之作为体验学习环境的构建平台具有较强的针对性和现实可行性。因此，蕴涵娱教理念、贴近学习者当前生活、以游戏为学习环境的体验学习将更利于调动学习者

① ［德］弗里德里希·席勒：《审美教育书简》，冯至、范大灿译，人民文学出版社 2022 年版，第 138—150 页。
② 孙莅文、邓鹏、祝智庭：《基于娱教技术的体验学习环境构建》，《中国电化教育》2005年第 7 期，第 4 页。

的积极性，进而促进学习者真正的"生活体验与乐趣"和"学习目的与手段"的融合，形成持久而有效的学习效果；开展基于游戏形式的体验学习在当前的确具有巨大的现实意义，而研究和探索进行这种学习的内容、方法和途径也成为教育工作者当前最富挑战性和创造性的工作之一。

（二）利用游戏中的积极因素

人类对游戏的爱好来自天性，可谓与生俱来、终身相伴，既有生命体验的意义，也有学习成长的价值。很久以来就有大量研究发现，游戏活动本身就是学习的一个重要方面①，尤其在童年早期，自由玩耍在体魄健康、社会交往和智力认知的发展中更扮演着重要角色；由于包含挑战、刺激、新鲜和复杂性等元素，游戏会自然而然地刺激参与者的好奇心②，在展开过程中会促进其目标感的形成和竞争能力的获得，而玩游戏所需的感知、运动、观察、逻辑、记忆和问题解决等技能则是学习的基础③；另外，由于游戏涉及元认知活动、行为活动和自我评价等学习和认知过程，因而会影响认知功能和动机的发展④；在游戏时学习者也往往表现出更多的进取心和自发性特征，即主动性学习的倾向，以及灵活决策、对抗压力和积极合作等高阶认知能力特征。难怪有开明之士激动之下不由得呼吁，能否将数码娱乐工具中的某些看来是可取的特征发挥到积极的方面，让孩子们像迷恋数码娱乐工具那样迷恋学习。

过分的沉迷游戏固然可能导致玩物丧志，但合理适当的游戏方式，也未尝不会发挥积极因素，使适当融入其中的严肃教育事半功倍。游戏者在游戏

---

① Quinn, C. N., "Designing Educational Computer Games in Interactive Multimedia", In: Beattie, K., McNaught, C. & Wills, S., eds., *University Education: Designing for Change in Teaching and Learning*, Amsterdam: Elsevier, 1994, pp. 45–57.

② Thomas, P. & Macredie, R., "Games and the Design of Human-Computer Interfaces", *Educational Technology*, Vol. 31, 1994, pp. 134–142.

③ Amory, A. & Seagram, R., "Educational Game Models: Conceptualization and Evaluation", *South African Journal of Higher Education*, Vol. 17, No. 2, 2003, pp. 206–217.

④ Rieber, L. P., "Seriously Considering Play: Designing Interactive Learning Environments Based on the Blending of Microworlds, Simulations, and Games", *Educational Technology, Research and Development*, Vol. 44, 1996, pp. 43–58.

中常常表现出的全情投入、冷静沉着，勇于接受挑战、百折不挠的精神，正是正规教育所期望培养的品质；而在游戏过程中认真细致地分析和解决问题，平等协商、乐于合作，则正是一个人的学习能力、交往能力的具体体现。从这个意义上说，游戏所带来的这些积极影响与联合国教科文组织在世纪之交提出的"学会学习（learning to know）、学会做事（learning to do）、学会共处（learning to live together）和学会生存（learning to be）"① 的四大"教育支柱"理念不无相通之处。因此可以认为，如果某个具体的娱教项目或游戏化学习产品不成功，那么不是游戏本身妨碍了教育，而是对游戏的不合理设计或使用导致了其与教育的隔离或冲突，换句话说，这种不合理性可能仅仅片面发挥了游戏对于人性中渴望自由、控制、刺激与交往等天性的支持能力，而曲解或埋没了其对于教育的积极因素。

因此，游戏最终能否对教育起到积极的作用，不但取决于项目设计与实施的相关参与者能否认识到这种积极因素的潜在价值，更决定于如何发掘与利用这些因素，否则这种价值永远只能是某种美好的愿望或猜想。

三 原则和方法

（一）传统的游戏化学习

基于游戏的体验学习方式在国外的研究和尝试开展得比较早，虽然尚未形成较为成熟的理论体系，但也创造了一些成功案例，比如美国温特贝尔特大学（Vanderbilt University）认知与技术小组（CTGV）开发的"贾斯珀冒险"问题/项目化学习 PBL（Problem/Project Based Learning）系列②，

---

① 联合国教科文组织教育委员会编：《教育：财富蕴藏其中》，联合国教科文组织总部中文科译，教育科学出版社 1996 版，第 2—5 页。

② ［美］温特贝尔特大学认知与技术小组：《美国课程与教学案例透视：贾斯珀系列》，王文静、乔连全译，华东师范大学出版社 2002 年版。贾斯珀项目是由美国温特贝尔特大学约翰·D.布兰思福特教授领导的认知与技术小组（CTGV）开展的凸显学习的建构性和情境性的案例研究。该项目包括基于录像的伍德伯里·贾斯珀问题解决系列的开发、在不同国家课堂中进行的大量实验和跨文化研究以及根据反馈所做的重新设计与修改。贾斯珀项目是一个在技术支持下立足课堂、拓展课堂、超越课堂，最终使学生能面向真实社会中问题解决的案例研究，它的设计融合了课程、教学、评价以及教师专业发展等各方面的问题，因此它成为展现未来学生在"宏情境"创设的"错"的支撑下，在学习共同体的合作互动中从事学习的窗口。

而且形成了一些有益的经验和原则，下面是对其中较有代表性观点的一个总结。

早在 1981 年，当电子游戏还主要是基于家用视频游戏机（video game）时，美国麻省理工学院的梅隆（Malone）就指出，对教育而言，游戏中的交互式故事（interactive stories）、数字化著作工具（digital authoring tools）以及协作世界（collaborative worlds）等因素皆包含诸多强大而新颖的契机，他提出了教育游戏应包含的 5 个要素①：

（1）让学生觉得有意义的清晰目标；

（2）在行动中反馈的多元评价；

（3）适应学习者技能的多级难度；

（4）偶然性的挑战因素；

（5）与游戏技能相联系的情感吸引力和隐喻。

虽然并未形成任何具体而系统的设计方法或框架，但这些原则对后来的教育游戏或游戏化体验学习环境设计的确具有相当的启发意义，指明了一种颇有价值的设计取向。

与此类似，美国威斯康星大学麦迪逊分校（University of Wisconsin-Madison）的吉（Gee）也总结了若干游戏教育设计和应用的原则②，这些原则力图从不同维度全面地概括构成教育游戏的若干要素，在一个更综合更开阔的视野中审视教育游戏设计，相比梅隆的要素不但更加细致和系统，而且更多更深地关注了学习、技能、知识和游戏元素的关系及其整合，但有的表述未免过于简化、重复或语焉不详，我对其进行了一些修订和完善后呈现于表 4—2。

---

① Malone, T. W., "Toward a Theory of Intrinsically Motivating Instruction", *Cognitive Science*, Vol. 4, 1981, pp. 333-369.

② Gee, J. P., *What Video Games Have to Teach Us About Learning and Literacy*, New York: Palgrave/Macmillan, 2003.

表4—2　　　　　　　　　游戏教育设计与应用原则

序号	原则	序号	原则	序号	原则
（1）	任务的设计能使游戏者边玩边反思	（13）	在每一个难度级别都必须不断掌握新技巧	（25）	先前的任务应提供练习的机会，并确保游戏者掌握后面将会用到的知识与技能
（2）	注重良好的任务和情境设计	（14）	任务应难易适中，和游戏者现有技能相匹配	（26）	在不同的游戏中反复练习基本技能
（3）	理解游戏与学习相互间的联系和干扰	（15）	边做边思考边规划	（27）	仅当需要时才获取（提供）信息
（4）	在完成任务中逐渐熟悉游戏语言，比如：任务与问题表征、问题解决和操作方式	（16）	专注于游戏过程本身，对目标和结果保持顺其自然的心态	（28）	尝试探索新任务、新情境、新方法而不只是服从教师安排
（5）	将游戏世界和其他世界相联系	（17）	在游戏中发现和产生自己关于学习的意义	（29）	学以致用，游戏中学到的技能应可以用于完成任务或解决问题
（6）	降低冒险的风险	（18）	在游戏的任务语境（context）中进行阅读	（30）	反思游戏和真实世界的关系
（7）	让学习者（玩家）因兴趣而努力	（19）	关注伴随问题解决和任务完成过程中出现的动态反馈和信息	（31）	反思游戏及其助学因素
（8）	整合多重身份，如：既是玩家、又是学习者和评价者	（20）	整合多种媒介的信息	（32）	反思游戏及其蕴涵的文化意义
（9）	任务完成后，有机会回溯、观看和分析自己的行为	（21）	知道知识是如何整合于游戏中的	（33）	理解游戏每个部分的价值和意义
（10）	较少投入较多产出	（22）	用直觉思考	（34）	和其他玩家交流
（11）	因成功而获得回报	（23）	在简化的场景中练习	（35）	全身心融入游戏
（12）	鼓励实践	（24）	问题由简到难	（36）	帮助改进游戏

　　从情景认知、体验学习和建构主义学习环境的视角，吉（Gee）进一步确定了一些有益的教育游戏应包含的学习原则，我将其归纳在表4—3中。

表4—3　　　　　　　　　**教育游戏应整合的学习原则①**

序号	原则	序号	原则	序号	原则
(1)	身份或角色认同	(7)	合理的问题编列	(13)	探索、多侧面思考与目标反思
(2)	交互	(8)	挑战与巩固	(14)	智能工具和分布知识
(3)	参与剧情制造	(9)	即需即得	(15)	功能交叉的团队
(4)	冒险	(10)	基于情境的意义	(16)	绩效先于能力
(5)	定制（角色、难度）	(11)	愉悦的挫折		
(6)	对代理（游戏中的角色）的自主控制	(12)	系统思考		

在分析和梳理了上述教育游戏原则后，杨（Young）从社会生态学的（Ecological）角度归纳了9类教育游戏生态原则（ecological principles for educational video games），我将其整理后发现每一类都可以和吉提出的游戏教育设计与应用原则（见表4—2）形成一个对应关系，见表4—4。

表4—4　　　　　　　　　**教育游戏生态原则②**

序号	杨概括的类	吉的原则
(1)	感知—行动循环（杜威的做中学）	(1) 任务的设计能使游戏者边玩边反思 (15) 边做边思考边规划 (4) 在完成任务中逐渐熟悉游戏语言，比如：任务与问题表征、问题解决和操作方式
(2)	认知具体化（行中思）	(27) 仅当需要时才获取（提供）信息
(3)	情境学习的社会属性（协同劳动）	(34) 和其他玩家交流 (35) 全身心融入游戏 (36) 帮助改进游戏
(4)	行为规则的边界约束	(6) 降低冒险的风险
(5)	反复练习（提供展示所学的机会）	(12) 鼓励实践 (13) 在每一个难度级别都必须不断掌握新技巧

———————

①　Gee, J. P., *What Video Games Have to Teach Us About Learning and Literacy*, New York：Palgrave/Macmillan, 2003.

②　Young, K. S., "Internet Addiction：Symptoms, Evaluation, and Treatment", In：Creek, L. V. & Jackson, T. L., eds., *Innovations in Clinical Practice：A Source Book*, Sarasota, FL：Professional Resource Press, 1999, pp. 19–31.

续表

序号	杨概括的类	吉的原则
（6）	给养（功能价值的检测）	（17）在游戏中发现和产生自己关于学习的意义 （21）知道知识是如何整合于游戏中的 （30）反思游戏和真实世界的关系 （31）反思游戏及其助学因素 （32）反思游戏及其蕴涵的文化意义 （33）理解游戏每个部分的价值和意义
（7）	合理性检测（可能产生的远迁移）	（2）注重良好的任务和情境设计
（8）	目标定向行动（目标驱动的认知）	（7）让学习者（玩家）因兴趣而努力 （11）因成功而得回报 （24）问题由简到难 （29）学以致用，游戏中学到的技能应可以用于完成任务或解决问题
（9）	情境化学习（虚拟或现实场景）	（18）在游戏任务语境中进行阅读 （19）关注伴随问题解决和任务完成过程中出现的动态反馈和信息 （28）尝试探索新任务、新情境、新方法而不只是服从教师安排

　　上述研究具有一定开创性：在一定程度上确立和勾勒了设计基于游戏的体验学习方式的基本准则和大致轮廓，为游戏的教育应用奠定了良好的基础。

　　但这些传统的游戏化学习理论也不可避免地存在一些问题，主要表现在三个方面：

　　（1）缺乏系统性。这些概念显示出研究者对教育游戏的创造性思考和独到见解，但也反映出他们似乎并没有系统性地考察游戏与学习的本质和特性，也非致力于创建全局性的架构和与此相适应的设计方法，结果使得各原则或要素犹如散落的珍珠，没有清晰的架构或呈现出它们相互间的关系和动态特征，造成本该分属于设计开发（游戏提供者）和应用实践（使用者）层面的各个要素相互混杂，因而难以提供有效的设计和应用思路，既较难以之为基础进行实际的娱教项目开发，而应用中的效果也不易客观评估。

　　（2）缺乏有效的工具。上述原则虽然不乏真知灼见，但由于缺乏有效的统合和提炼，故而不免较为笼统，难以形成在开发中可资直接利用的有效的开发和评价工具，以及配套资源，使得以之为指导的开发过程很可能会随意性强，导致"游戏中的积极因素"难以具体发挥和落实。

（3）缺乏可操作性表征。毋庸置疑，上述原则或多或少都源于情境认知理论，更多是以一种学习心理学和人类学的语言来进行描述，在实际设计和开发中难以被相关人员直接应用，所以在设计具体教育游戏项目时仍然难以直接运用。

因此，为有效地进行基于游戏的体验学习环境的建构，的确需要开发一种综观全局的、有具体工具支持的、能将上述原则和要素以较具操作性的方式实现的系统方法。

（二）基于游戏语言的系统架构

1. 基于游戏语言的体验学习设计

语言是人们表情达意，进行交流，建构意义的最重要的方式和工具，这里所谓游戏语言是对利用游戏的方式表达学习环境设计或教学设计思想的一种隐喻。虽然游戏发展至今，并无一种公认的严格而系统的描述方式，"语言"这一隐喻只是对人们约定俗成地用以描述游戏的词汇和形式的一种概括，然而和利用自然语言表达人们的思维，或者应用计算机语言表达程序思想类似，游戏语言也的确基于一定的规则，包含特定的词汇、要素和表达方式。

总的来说，游戏既具有与小说和影视类似的语言要素（如角色、道具、情境、画面、声音、情节和脚本等），又具自身特有的语言特征（如关卡、任务、规则、挑战、奖励、积分和交互性等）。这些要素特征可以简洁地刻画出游戏的基本内容和结构，例如：游戏中有何角色，他们之间以什么形式进行互动，并且在什么情境中将要完成什么任务等等。游戏语言既使得游戏易于被创造和理解，同时又简洁而较少产生歧义，因而在设计和应用体验学习环境时，使用经过定义的较为规范的游戏语言，将更利于相关人员将特定的教学思想和内容以游戏的方式进行具体呈现。

2. 基于架构的系统方法

一般认为，架构（Architecture）的概念起源于建筑领域，其原意一般是指某种设计与建造的艺术、技术、方法及其总体结构，现在常被用作隐喻，指某事物或系统的各组成部分间的安排顺序、结构及其关系，例如管理学中的组织架构和文学中的小说架构等，在软件工程中则指的是"选择组成系统的结构元素和它们之间的接口，以及当这些元素相互协作时所体现的行为"或"程序或计算系统的一个（或多个）结构"①。

总体而言，架构既含有事物的静态部分——框架，即：有哪些要素，其属性如何，相互之间的结构又如何等等；又有动态性特征——要素的行为或功能，时间顺序及其相互间的影响关系等，并且强调按照人们的需求和原料进行建造，以满足实际使用和审美需求的方案。基于架构的设计可以使目标系统的结构清晰易读，设计流程安排合理，设计工具和资源的需求也较为清楚，有利于后期的升级和迭代。

不难看出，上文展现的各游戏化学习理论均未从设计架构的角度来考虑各要素及其相互关系，因而并未形成可对游戏进行整体性描述的较为系统的框架，自然也就难以形成系统性的设计方法和配套的工具，开发人员更无法直接以之为指导进行设计，表4—2到表4—4中的那些设计原则也就不易得到贯彻。因而要进行基于架构的游戏化体验学习环境设计，首先要建立一个能对游戏进行合理描述和解释的框架。

本书接下来的部分，将致力于探索游戏的吸引力到底从何而来，这是游戏的灵魂和核心价值；然后创建一种支持体验学习环境设计的基于架构的系统设计方法及工具，而描述它们的工具则是一套源自游戏成瘾研究成果的，定义较为规范的游戏语言。

第三节　心流：吸引力源泉

一　心流理论概述

心流的提法古已有之，早在2000多年以前，东方传统的精神实践家，如佛家及道家，已将运用心流修炼视为其发展精神力量的重要技法，在佛

---

① ［美］伦·巴斯等：《软件构架实践》（第四版），周乐译，机械工业出版社2023年版，第7—11页。

教中就有"心底有佛，佛入心流"的说法。然而真正对心流这种心理体验或精神现象进行较为科学和系统的研究却是近现代的事，其中最有影响的当推匈牙利裔美国心理学家米哈里·契克森米哈赖（Mihaly Csikszentmihalyi）及其领导的小组进行的研究。

契克森米哈赖等人在研究人的创造力时发现，人们在从事自己喜爱的工作时可能会经历一种独特的身心体验，它常常使人废寝忘食，不计回报地全身心投入工作，并且乐在其中，而人们在具有这种体验的活动中常常会爆发出惊人的创造力，契克森米哈赖将这种独特的体验称之为 Flow①。

（一）译名辨析

汉语对 Flow 的译法不尽相同。黄立文用"神迷"于网络上的多样应用来描述大学生在上网时获得的愉快体验②；而王静惠则以"流畅经验"来表征这种心理状态③；黄琼慧在讨论网络沉浸理论中各向度的因果关系时，则使用了"沉浸"一词来描述使用者与网络互动时的心理满足感；陈怡安在研究网络游戏玩家的心理状态时，认为玩家在互动过程中，具有心理上的满足感，也使用了"沉浸"一词；刘旨峰等人在探讨大学生网络沉迷的相关因素时，则将 Flow 称为"心流"；陈秀娟在翻译契克森米哈赖的《寻找生命的心流：追求忘我专注的圆融生活》（*Finding Flow：the Psychology of Engagement with Everyday Life*）一书时使用了"生命的心流"这个中文译名④；张定绮翻译的《心流：最优体验心理学》（*Flow：the Psychology of Optimal Experience*）也用了"心流"一词⑤。

笔者认为，Flow 描述的是一种心理状态，而 Flow 的英文本意为流动、

① Csikszentmihalyi, M., "Play and Intrinsic Rewards", *Journal of Humanistic Psychology*, Vol. 15, No. 3, 1975, pp. 41-63.

② 黄立文：《网络使用的快感与神迷：游戏理论与网络浏览行为之初探》，"中山大学"学术网络研讨会会议论文，高雄，1998 年。

③ 王静惠：《网路浏览步入与流畅经验之相关性探讨》，硕士学位论文，中正大学企业管理研究所，1998 年。

④ ［美］米哈里·契克森米哈赖：《生命的心流》，陈秀娟译，中信出版社 2009 年版。

⑤ ［美］米哈里·契克森米哈赖：《心流：最优体验心理学》，张定绮译，中信出版集团 2017 年版。

涌流的意思，较为形象地呈现了一种思维随活动而变化的动态过程，相对于"神迷""沉浸"等词，"心流"不但贴近原意，且具有更大的语义空间，加之心流的提法在中国古已有之，因此本书采用"心流"一词。

（二）定义

契克森米哈赖等人在大量研究了众多公认具有创造力的人物后发现，无论是画家、运动员、作曲家、科学家和作家，尽管他们秉性各异，从事专业不同，但都有一个共同的特点，那就是相当喜爱自身的工作，能充分享受工作本身的内在价值。除了专业领域，他们还研究了那些全身心投入某种休闲娱乐活动（例如：攀登、下棋、舞蹈甚至飙车）的非专业人士。发现人们之所以能乐此不疲从事这些活动，主要是因为投入活动时能感受到某种令人痴迷的独特的心理经验：一种高度兴奋、全情投入而物我两忘，行动自发、熟极而流又乐在其中的巅峰体验，这种当个人面临高度挑战时所经验到的独特意识状态，往往只有在那些充满刺激、困难和冒险的具有高度复杂性、专业性或精细化的活动里才能感受得到，而这些活动往往使得参与者面临巨大的挑战，同时又包含着变化、新颖和可能有所发现和突破的因素，能使参与者应对该项活动的专门能力得到进一步提高和发展。

契克森米哈赖把这种身心状态就称为——Flow（心流），他以两种不同方式对之进行了概括：

（1）当人们全情投入时，获得一种贯穿全身的感觉，在这种状态下，动作与动作之间似乎受到一种内在逻辑的指引，而无须行为主体进行有意识的干预。他感受到的是贯穿各动作间的一股整本的流，并受控于自己的行为。此时，自我和环境之间、刺激与反应之间、过去和现在以及未来之间的差异微乎其微[1]。

（2）当游戏者完全被活动吸引时，他们会嵌入一种共同的经验模

---

[1] Sato, I., Bosozoku: "Flow in Japanese Motorcycle Gangs", In: Csikszentmihalyi, M. & Csikszentmihalyi, I. S., *Optimal Experience: Psychological Studies of Flow in Consciousness*, Cambridge: Cambridge University Press, 1988, p. 95.

式。这种模式以意识的狭窄聚焦为特征，并丧失自我意识，只对清晰的目标和具体的反馈有反应，因此不相关的知觉和想法都被过滤掉了①。

上述定义从不同侧面描述了心流体验，契克森米哈赖认为这个感受类似于马斯洛（Maslow）提到的高峰体验（Peak Experiences），马斯洛将之视为"一种自我证实的、自我解释的、带有自身内在价值的时刻"，"高峰体验的目的就是其本身；我们可以称之为目的体验（end-experience），而不是手段体验（means-experience）。这种体验的经历之宝贵、启示之重大，其正当性根本无须证明，如果执意要这么做，反倒会贬损其尊严和价值"②。换句话说，人们全力投入某个活动就是为了体验相伴而生的乐趣本身，而不计除此之外的其他回报。因此人们描述其心流体验时，常有一些共同的反应，而这种情形则似乎和中国传统文化中所谓"物我两忘""天人合一"的状态若合符节。

然而，这种心流体验具体是如何获得的呢？是否所有的工作和活动都可能带来这种体验呢？它和工作、活动的特性以及人们的心态和能力之间到底具有怎样的联系呢？是否有什么办法可以有利于人们获得这种美妙的体验呢？为了回答这一系列的问题，契克森米哈赖和其他研究者进行了长达二十多年的研究。

（三）研究方法

契克森米哈赖团队在进行心流研究时，主要应用了测验、调查、访谈及经验采样（ESM）四种方法，其中经验采样法是该研究的首创和亮点。前三种方法主要采用问卷和访谈的形式，可以获得较大的数据样本和受访者的直接描述，但资料的获得主要依靠当事人事后的回忆。他认为，"作为对意识流进行重构的工具，受访者往往难以把事实和文化习惯及其愿望完全区分开来，尤其是难以记住那些只在脑海中一闪而过的念头"，因此研究组需要一种新的更为精确的工具来放大并记录每天发生在意识之流中的细枝末节。

---

① Csikszentmihalyi, M., *Beyond Boredom and Anxiety*, San Francisco：Jossey-Bass，1975，p. 72.
② ［美］亚伯拉罕·马斯洛：《马斯洛需求层次理论：存在心理学探索》，吴张彰等译，中国青年出版社 2022 年版，第 117 页。

1. 经验采样法

经验采样法（Experience Sampling Method，ESM）是契克森米哈赖研究小组于1975—1976年前后于芝加哥大学首创的方法，经过不断完善与改进，至今已发展了四十多年。ESM采用呼叫器或具有定时功能的装置，提醒受试者按时填写随身携带的问卷。从清晨起身到晚间休息之间，定时器被设定为每天呼叫8次，受试者每星期分56次将ESM问卷填完，这样ESM较为忠实地记录了个体的日常活动与体验，使研究者得以藉此跟踪受访者日常活动和为人处世时的心理状况和思维变化[①]。

2. 访谈法

契克森米哈赖于1990—1995年从事创造力理论研究时，主要以访谈法在芝加哥大学对91位颇具创造力的人物进行深度了访问。

在创造力研究中，研究对象的选择有三个主要条件，第一是受访者必须曾为其主要的科学文化领域带来影响，其次是他们在该领域仍然活跃，再者受访者须超过六十岁（有少数例外）。采用滚雪球方式取样，先自不同学科专家取得推荐名单，再由这些被荐者提供其他样本名单。名单中共有275人，约有三分之一的人拒绝接受访问，约有相同比例的人接受采访，另外三分之一的人无响应或是无法追踪。最后参与研究的受访者的创造力都是广为人们所认同的，受访者中总共得过十四个诺贝尔奖（四个物理奖，四个化学奖，两个文学奖，两个生理学或医学奖，一个和平奖及一个经济奖），其余受访者的成就也都相当。

访谈使用有相同问题的开放式访谈表。问题包括四大部分内容，包括：生涯与生命的优先选择，人际关系网络，工作习惯与观察以及任务与目标规划。在每一个部分下面又包含许多更加具体的问题。

二 心流体验模型

契克森米哈赖领导的研究小组发现，在从事某项工作或活动时，当人

---

① Csikszentmihalyi, M. & Csikszentmihalyi, I. S., "Introduction to Part IV", In：Csikszentmihalyi, M. & Csikszentmihalyi, I. S., *Optimal Experience：Psychological Studies of Flow in Consciousness*, Cambridge：Cambridge University Press, 1988, p. 253.

们面临的挑战（challenges）和他们所掌握的应对这种挑战的技能（skills）具有某种关系时，则有可能获得心流体验。因此，他们把研究的终极目标定为"用实验的方法，一点点地寻求挑战和技能的最佳结合……服务于学校、社区和家庭，以使人们得以最大限度地获得心流体验"。

他们的研究进行了二十多年，在此期间，根据对心流的认识程度和模型表示的不同，研究的进展大致可分为两个阶段。

（一）原初模型

研究者们起初认为：当人们从事某项活动时，其理想的体验将发生于"挑战和技能的比例等于一"的时候。他们把 ESM 量表中人们在某项活动中所可能面临的困难和应对技能的熟练程度分成了 9 级，此时心流体验概念模型如图 4—3[1]：

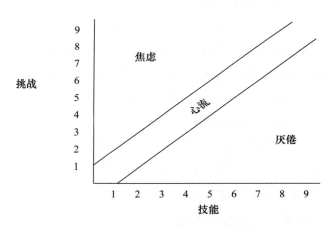

图 4—3　最初的三区间心流模型

然而，当分析了数以千计的 ESM 问卷后，研究者们却发现当挑战（challenges）和技能（skills）相平衡时人们并非总是体验到很好的感觉，而其比例不平衡时也未尝不能感觉良好，这显然和起初的研究假设有出

---

① Csikszentmihalyi, M. & Csikszentmihalyi, I. S., "Introduction to Part IV", In：Csikszentmihalyi, M. & Csikszentmihalyi, I. S., *Optimal Experience：Psychological Studies of Flow in Consciousness*, Cambridge：Cambridge University Press, 1988, pp. 251, 259.

入，图4—3中的概念模型并没有被完全确证。他们修订了问卷，重新进行了调查，然而得到的答案依然如故。研究在10年左右的时间里一直都没有太大进展，有些问题一直困扰着契克森米哈赖和他的团队：是概念模型有误，挑战和技能的比例关系对心流体验的影响微乎其微？还是研究方法有问题，不能捕捉到思维中飘忽不定的细节？

（二）模型修正

直到1985年，心流体验的研究和测量才从概念上和方法论上有了重大突破。意大利米兰大学（University of Milan）的研究者马西米尼（Massimini）领导的研究团队在用经验采样法（ESM）对米兰的少年进行了调查后，提出了一个简洁而颇具原创性的想法：

心流体验仅当挑战和技能处于平衡状态，并且都达到一定强度水平时才会发生，而这正好是个人所面临的挑战与可能掌握的技能的平均水平。

于是马西米尼和其合作者卡里（Carli）将心流体验模型修正为如图4—4所示：

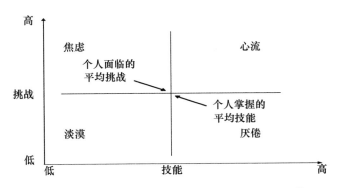

图4—4 马西米尼和卡里修正后的心流体验模型①

（三）最终模型

随着研究的深入，马西米尼和卡里根据研究获得的大量第一手资料，

---

① Csikszentmihalyi, M. & Csikszentmihalyi, I. S., "Introduction to Part IV", In: Csikszentmihalyi, M. & Csikszentmihalyi, I. S., *Optimal Experience: Psychological Studies of Flow in Consciousness*, Cambridge: Cambridge University Press, 1988, p. 261.

对"挑战"与"技能"的关系进行了全面的梳理，最终得到了八种组合关系①，见表4—5：

表4—5　　　　　　"挑战"与"技能"之比对心理状态的影响

区间	"挑战"与"技能"之比	心理状态
1	高挑战和中等技能	激发
2	高挑战和高技能	心流
3	中等挑战和高技能	掌控
4	低挑战和高技能	厌倦
5	低挑战和中等技能	轻松
6	低挑战和低技能	冷漠
7	中等挑战和低技能	担心
8	高挑战和低技能	焦虑

他们进一步将这些组合关系绘制成了图形②，以更加直观地反映其动态性和连续性，笔者对之进行了一些修订，如图4—5③。

经过与实际调查数据的比较发现，这一概念图贴切而直观地表示了受试者在 ESM 量表中反映的情况：当处于不同的挑战和技能水平时，人们的确具有不同的心理状态。

图中2区即为心流状态最可能发生的区域，此时挑战和技能都出于"高"水平，受试者显得比平常更专心，他们具有掌控、有力、积极、投入、创造、自由、兴奋、开放、清晰、满足和幸福等感觉，并想继续进行手头的工作和活动。主体与工作活动之间的相互影响达到最大值——投入

---

① Massimini, F. & Carli, M., "The Systematic Assessment of Flow in Daily Experience", In: Csikszentmihalyi, M. & Csikszentmihalyi, I. S., *Optimal Experience: Psychological Studies of Flow in Consciousness*, Cambridge: Cambridge University Press, 1988, pp. 269, 270.

② Massimini, F. & Carli, M., "The Systematic Assessment of Flow in Daily Experience", In: Csikszentmihalyi, M. & Csikszentmihalyi, I. S., *Optimal Experience: Psychological Studies of Flow in Consciousness*, Cambridge: Cambridge University Press, 1988, p. 270.

③ 邓鹏：《心流：体验生命的潜能和乐趣》，《远程教育杂志》2006 年第 3 期，第 74—78 页。

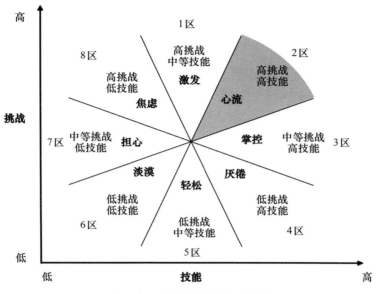

图4—5 八区间心流体验模型

最大，工作最优。

　　而当挑战和技能水平都是最低值（6区）时情况正好相反，此时人们通常对正在进行的活动漠不关心，主体与工作（活动）之间的相互影响达到最小值。而其他各区则描述了当挑战和技能发生相应变化时，主体心态随之发生的微妙转化①。

三 营造心流体验支持环境

　　对任务挑战和主体技能水平与之间关系的揭示，使得契克森米哈赖团队的最终研究目标——揭示心流体验到底如何产生——有了实现的可能，经过进一步的研究和整理，契克森米哈赖和他的同事们归纳出了心流体验的若干要素和有利于这种体验发生的一些条件。

---

① Massimini, F. & Carli, M., "The Systematic Assessment of Flow in Daily Experience", In: Csikszentmihalyi, M. & Csikszentmihalyi, I. S., *Optimal Experience: Psychological Studies of Flow in Consciousness*, Cambridge: Cambridge University Press, 1988, pp. 269-287.

（一）心流体验九要素

契克森米哈赖将与心流体验或沉浸状态相关的要素总结成九个，诺瓦克（Novak）等人将这九个因素进一步归纳为：（获得体验的）前提（antecedent conditions）、（体验的）特性（characteristics）和体验的结果（consequences of experience）等三个群组[1]，而陈（Chen）等人则认为这是心流产生的三个阶段：事前（antecedents）、体验（experience）和效果（effects）[2]，见表4—6。

表4—6　　　　　　　　　　　　　　心流体验九要素

前提/事前	（1）明晰的目标（Clear goals） （2）明确而及时的反馈（Unambiguous and immediate feedback） （3）应对挑战的适当技巧（Skills that just match challenges）
特性/体验	（4）行为和意识融为一体（Merging of action and awareness） （5）全神贯注（Concentration and focus） （6）掌控的感觉（A sense of potential control）
体验的结果/效果	（7）自我意识的丧失（A loss of self-consciousness） （8）时间感的改变（An altered sense of time） （9）体验本身变得具有目的性（An autotelic experience）

其中"前提"这一阶段对能否获得心流体验有着重要影响，并被认为和人的创造力产生有密切关系，综合多个后续研究，可以对这三个要素进行进一步阐述：

（1）明晰的目标。从事活动时所需的每个步骤都有清楚的目标，行动者很明确地知道接下来该怎么做。例如：创新性活动开始时可能是以解决问题或扫清某种障碍为目标，这可能来自本领域中研究结果的矛盾或困惑，那么目标很清楚，就是在于调和这种差距，使挑战和技能、认知和任务等体系恢复平衡。

---

① Novak, T. P., et al., "Measuring the Customer Experience in Online Environments: A Structural Modeling Approach", *Marketing Science*, Vol. 19, No. 1, 2000, pp. 22-44.

② Chen, et al., "Optimal Experience of Web Activities", *Computers in Human Behavior*, Vol. 15, No. 5, 1999, pp. 585-608.

（2）明确而及时的反馈。参与者可以清楚地知晓活动进展如何，每个行动步骤都能得到立即回馈。在契氏的研究中，"那些有创造性特质的人物往往能够很成功地将自己专业领域的标准内化，因此他们得以很快地在行动过程中立即获得回馈，不用等着专家的评判，忍受结果产生之前的不安定煎熬。他们有能力区分概念的好坏，这正是得益于成功内化学科标准的贡献"。换句话说，能获得心流体验的人都是该领域的专家和高手，他们很清楚自己的水平如何，比如钢琴家在演奏时很清楚自己刚刚弹奏出的音符水平如何。

（3）应对挑战的适当技巧。行动者本人必须能在所面临的挑战与自己所具有的技能之间保持某种平衡。若挑战过大，个人将感受到挫折，反之则会觉得无聊，两种情形下都无法感受到活动带来的乐趣。因此契氏所研究的创造性人物都具有许多有利于发明与潜心投入的特质，能克服疲惫的障碍，并能适时提高技能以应付新挑战。

（二）群体和空间特征

契克森米哈赖等人的研究涉及工作、休闲等不同活动状态，包括在学校、家庭、工作场所等不同空间。研究发现，有些工作和活动确实有利于心流体验的产生，例如：技能的复杂性和灵活性高的工作（如艺术、体育、工程设计和科学研究）比技能相对简单的工作（如流水线上的装配）更能获得和维持心流体验[1]；在进一步对他们的工作环境和特性进行了研究和分析后，则发现以下方法有利于群体中的成员获得心流体验[2]：

（1）创意的空间排列（Creative spatial arrangements）；

（2）场地设计（Playground design）；

① Lefevre, J., "Flow and the Quality of Experience during Work and Leisure". In: Csikszentmihalyi, M. & Csikszentmihalyi, I. S., *Optimal Experience: Psychological Studies of Flow in Consciousness*, Cambridge: Cambridge University Press, 1988, p. 317.

② Csikszentmihalyi, M., "The Future of Flow", In: Csikszentmihalyi, M. & Csikszentmihalyi, I. S., *Optimal Experience: Psychological Studies of Flow in Consciousness*, Cambridge: Cambridge University Press, 1988, pp. 365-383.

（3）并行而有组织的工作（Parallel, organized working）；

（4）锁定组织目标（Target group focus）；

（5）改善现有活动：原型化（Advancement of existing one：prototyping）；

（6）以可视化增进效能（Efficiency increase by visualization）；

（7）参与者具有随机差异（Difference of the participants is a chance）。

心流体验相关理论和模型以半结构化的方式，揭示了在一定活动和情境中，个体面临的挑战（Challenges）和个体所具有的应对这种挑战的技能（Skills）之间的关系对个体心理状态的影响，即：当挑战和技能处于平衡状态，且都处于平均水平以上时（简单说就是任务难，但参与者水平也高），个体可能进入一种高度兴奋和专注的状态，并获得一种贯穿全身的，操控自如、物我两忘的幸福体验，此时个体的创造性和潜能将被极大地激发。因此，若能在活动设计和环境建构等方面充分考虑上述因素，为主体的工作和活动设计恰当的结构或方式，营造适合的环境，将在客观上有利于活动参与者全情投入并获得心流体验。

第四节　综合分析：成瘾、心流与吸引力

一　游戏成瘾与心流体验

根据契克森米哈赖等人的研究，心流体验并非能轻易获得。概括地讲，要在某项活动中获得心流体验必须至少具备以下两个基本条件：首先，该活动应富有挑战（比如包含：困难、刺激、痛苦和冒险）和创造（比如包含：未知、悬念、新颖和发现）等因素，并且参与者的能力会由于参与该活动而得到提高，或感到有无穷无尽的发展空间；其次，活动参与者必须具备应对活动挑战的中等以上的技能水平。显然，能同时具备这

些要素并相互匹配的主体和活动并不常见，契克森米哈赖的研究对象的身份也暗示了获得这种体验的不易：受访者大多成就斐然，其创造力都是广为世人所认同的，其余受访者的成就也都大致相当。

这样看来，一般人要获得心流体验的确困难，因为大多数人并不见得常有机会从事那些能产生心流体验的活动，经常进行富有"挑战、创造、困难和冒险"等因素的活动确非常人所能，即使偶尔为之也很难具备应付该项活动的"中等技能水平"，心流体验似乎只是属于极少数人的一种"奢侈品"。

然而有趣的是，近来却不断有研究发现，人们在玩电子游戏时常常会获得一种与此类似的游戏流体验（Game Flow）[①]，而这莫非正是吸引游戏玩家乐此不疲甚至沉迷其中的原因所在？如果是，那么游戏成瘾和心流体验之间到底具有什么关系呢？

（一）心流体验：游戏内在吸引力

根据契克森米哈赖的研究，我们不难总结出人们在获得心流体验时，心理和行为上的一些特征或要素：

（1）全身心投入。在活动时，会嵌入一种物我两忘的共同经验模式：意识聚焦狭窄而高度专心，自我意识和存在感极大弱化，仿佛自我和活动融为一体；对周围世界感知迟钝，与活动无关的知觉和想法统统被过滤；但对活动目标的感知却清晰具体，对活动的变化和反馈高度敏感；空间感和时间感淡化，自我和环境之间、刺激与反应之间、过去和现在以及未来之间的差异微乎其微。

（2）受控于自己的行为。获得一种贯穿全身的感觉，感受到的是贯穿各动作间的一股整体的流，在这种状态下，动作似乎是自动的，"动作与动作之间似乎受到一种内在逻辑的指引"，而无须行为主体进行有意识的干预。在这种状态下，主体与外界的互动、为完成活动所做的决策，似乎来自小脑、脑干和周围神经系统等底层"硬件"无意识的自动配合和控

---

① Jegers, K., "Pervasive Game Flow: Understanding Player Enjoyment in Pervasive Gaming", *Computers in Entertainment*, Vol. 5, No. 1, 2007, p. 9.

制，而非来自大脑新皮层等高级"软件"的有意识指挥。

对于行为成瘾来说，行为失控是一个重要的特征，这种失控并非操作意义上的动作失控和错误，而是指主体意识在一定程度上对是否或如何进行某种行为不需要进行刻意控制，而任由行为自动发生，自动应对活动中出现的问题或挑战，所谓熟极而流"想都不想"；行为的细节在一定程度上快于或超出意识的监控，甚至转而引导和控制意识，因而有人把这种状态称为"遭到冻结的自主"（frozen autonomy）；另外，在进行某种成瘾行为的过程中往往会产生某种紧绷（tension）感，这种状态会一直上升，获得某种充溢全身的巅峰体验，直到完成那些一系列的行为。布卢米（Blume）的研究也指出，在玩电子游戏过程中玩家会体验到"一种被激发的、溢乐的状态，类似于从可卡因或其他药物中获得高潮感"①。

对比上述对心流体验和行为成瘾的描述，我们不难发现二者之间存在的某些共同点：

首先，在两种状态中，行为本身带有非常明确的目的性，都常常处于一种近乎自发的状态，因而可以说主体意识在一定程度上受控于行为，并在行动中与之完全融为一个整体；

其次，二者都可以获得一种贯穿全身的、物我两忘的巅峰体验或高潮感。玩电子游戏是一种融人机和人际的高密度交互为一体的活动，游戏者不断感受到来自游戏的某种危机或麻烦，面对这些刺激、悬念、压力和挑战，必须集中精力，连续不断地通过键盘、鼠标或某种体感设备进行回应或决策，随时调整自己的行为，解决不断出现的问题；在某些时刻，游戏者的行为与意识完全可能融为一体，在一定程度上不断获得心流的体验，简单说就是全情投入而乐在其中；

最后，正是对这种高峰体验或美妙感受的向往，使得游戏者非常乐意再次游戏，可以说，游戏在一定程度上不过是玩家获得身心合一之心流体

---

① Blume, S. B., "Pathological Gambling: Addiction without a Drug", In: Class, I. B. ed., *The International Handbook of Addiction Behaviour*, London & New York: Tavistock/Routledge-112, 1991, p. 107.

验的一种中介。

行文至此，不由回想起笔者年轻时候用视频游戏机打《超级马里奥》《坦克大战》和《淘金者》之类游戏的情境，有时周末几场"大战"下来，窗外已东方发白，其间时间流逝和身心疲劳竟浑然不觉，游戏结束似有恍然隔世之感，而同侪中有此感受者亦是不少。正如杨东震等学者在研究电子游戏玩家成瘾行为时指出的那样，"本研究在焦点群体的访谈中，众多的在线游戏玩家都表示会有如此'浑然忘我'与'神游其境'的感觉产生"，当他们"沉浸于在线游戏的虚拟环境当中"时，"会产生归属与沟通的感受"，"并从游戏中获得成就满足感"；"并因为游戏的存在使得交新朋友更为容易，其中的趣味与归属互动的满足使得成瘾现象上升"[1]。

可见，正是由于包含着这样一种充满诱惑力的，可以获得快感的吸引力机制，使得玩电子游戏这一活动具备了行为成瘾中的"习得性情绪调节循环"（acquired emotional regulation cycles）这一关键要素（参阅第三章第一节），使得玩游戏成瘾这一行为有了内在的诱因与动力。因此不妨假设，游戏中潜在的这种对主客体深度互动、乃至最终获得心流体验的系统性支持，在很大程度上导致了玩家对游戏的心理依赖，对游戏成瘾而言，它既是客观性外部活动或环境基础，也是最重要的激发主体内部特定心理过程的原因。

（二）游戏成瘾：多因素综合导致

然而日常的经验和契克森米哈赖等人的研究都告诉我们，能产生心流体验的活动并非都会使人成瘾；而对于某种特定的活动来说，有些人会持续沉迷乃至上瘾，有些人则不会。那么究竟什么样的活动才会真正导致病态的行为成瘾呢？

契克森米哈赖等人的研究多聚焦于心流体验在职业性活动中的情况，更多地探讨心流体验的积极方面或对于职业的促进作用，而较少讨论它在那些可能对其他正常的、必需的生理性活动（最简单如吃饭、睡觉）或社会性活动（如家庭、学业或工作）造成负面影响的活动中的情况。

---

①　杨东震、吴政仲：《线上游戏玩家成瘾行为之研究》，《2003 电子商务与数位生活研讨会会议论文集》，高雄，2003 年。

然而也有学者敏锐地捕捉到了心流体验对于一些"灰色"活动的重要影响。日本学者左藤在研究日本青年"暴走族"（Bosozoku）的赛车游戏时就发现①，即使冒着随时可能车毁人亡的危险，"暴走族"仍然疯狂飙车而乐此不疲，其目的就是体验"暴走"时的速度与战栗。显然，为追求这种巅峰体验，"暴走族"付出的代价可能是痛苦和巨大的，而对于游戏玩家来说，过量的游戏行为也必然损害他们正常的学习、工作和社会生活，然而为获得这种高峰体验，他们中的某些人仍然会做出很多在旁人看来是不恰当或非理性的选择和牺牲。因此，在遇到诸如学业困难、沟通不畅等"初级正向刺激学习机制"的刺激时，逆反心和好奇心较强而自制力较弱的青少年会更容易出现冲动控制失调（impulse control disorder），进而在产生了更多"冲突性后果"之后，行为成瘾的条件逐渐全部满足，慢慢地就沉迷于电子游戏了。

　　可见，当心流体验在某种正常的社会生活或职业活动中出现，进而使得个体对这种活动充满热情和创造力时，心流体验的这种正向促进作用无疑是为社会所认同和肯定的，个体并不会为所花费的巨额时间和精力感到后悔和自责，更不会采取措施来强行控制这种行为，自然，这种缺少"初级正向学习机制"和"冲突性后果"的行为也就不会被认为是不恰当、不正常或病态的了。而逃学熬夜玩电子游戏、暴走飙车、无节制地刷视频等"灰色"行为，由于参与者为活动所付出的代价和取得的效果显然不被社会主流价值观所认同，因此"初级正向学习机制"很容易被建立，加上活动本身所带来的快感体验和随之而来的"冲突性后果"，导致病态性的行为"成瘾"也就不足为奇了。

　　以此观点来考察一些将电子游戏作为职业的成功人士——例如职业游戏运动员——同样能说明问题。虽然长期静坐过度操练电子游戏还是费时伤身，但由于职业选手对游戏的关注重点已经不只是游戏本身，而更多纳

---

　　① Sato, I., Bosozoku, "Flow in Japanese Motorcycle Gangs", In: Csikszentmihalyi, M. & Csikszentmihalyi, I. S., *Optimal Experience: Psychological Studies of Flow in Consciousness*, Cambridge: Cambridge University Press, 1988, pp. 92–117.

入了游戏之外的结果——比如竞技排名和因此带来的经济效应，进而使得玩游戏的目的不再是赫伊津哈意义上的纯粹玩的"乐趣"，而演变为一种具有经济价值的职业活动。显然，如果付出有所回报，在社会评价中就不再是"玩物丧志"了，因此打游戏自然就从躲躲藏藏的"灰色"地带走到了堂而皇之的"阳光"之下，不再是"病态性"的需要遮掩的行为，社会文化、法律和道德观念的影响和威慑已经不复存在，行为成瘾的几个要素都无法建立，成瘾也就无从谈起了，见图4—6。

一句话，有节制的结果、健康的沉浸体验不是罪，无节制地不顾后果的依赖性沉迷才是。

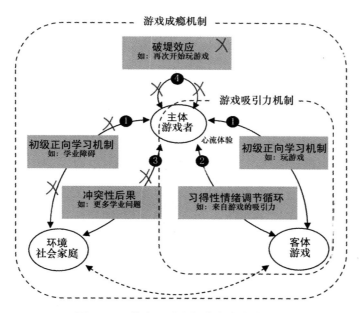

图4—6 游戏吸引力与游戏成瘾的关系

因此综合前文对游戏成瘾原因的分析，我们可以进一步这样认识游戏成瘾：

首先，由于游戏特有的趣味情境和互动机制，使其具有相当吸引力，容易引起精力旺盛的青少年的关注和好奇，使其神经系统中"面向未来"

的神经递质、欲望分子多巴胺大量分泌，产生越来越多想要玩的感觉。

然后，随着玩游戏的技术越来越高，游戏者神经系统中内啡肽等"活在当下"的神经递质的分泌逐渐增多，其和多巴胺双剑合璧共同作用，使主体既能感受"当下"操控自如的乐趣（内啡肽的作用），又对即将到来的新挑战、新任务、新关卡抱有强烈的渴望（多巴胺的作用），而最终获得了物我两忘的高峰幸福感——心流体验，沉浸其中而欲罢不能。

最后，当玩游戏在学校和家庭等社会环境中与学业和生活产生某些冲突性的后果，进而成为一种不被认同的有害行为时，某些个性心理较为独特（如过分内向敏感、交际困难）的个体就会对游戏产生更多的心理依赖，直至发展成一种病态性的成瘾行为。

二 善用"成瘾"：提炼游戏吸引力

娱教思想、体验学习的提出和心流理论的建立为研究人的创造性，挖掘生命潜力以及提升生命体验等新命题提供了新视角和新工具。首先，娱教思想为人们澄清了娱乐之于教育的道德论方面的若干认识误区，并为全新的寓教于乐之道奠定了方法论基础；其次，体验学习理论为这种学习方式的有效性提供了学习理论的依据；最后，心流理论则为创建这种学习环境提供了有力的学习心理学依据和崭新的设计思路。

目前来看，对心流理论之于教育的研究和应用并不充分。现有研究较多集中在对人们使用互联网的相关行为或特性的阐述与解释上，而对如何应用心流理论来解决和应对网络沉迷、游戏成瘾等数字娱乐的负面影响，乃至支持教育游戏设计或游戏化学习等娱教问题的研究则还不够深入和充分。以此形成对照的是，对网络沉迷、游戏成瘾等问题的理论研究和实践大多集中于面向受众的角度，在政治思想教育的层面展开，即如何运用教育疏导和心理调适的方法进行防治。

诚然，好奇心强、容易接受新鲜事物，但心智又不够成熟，缺乏足够的判断力和自制力等身心特点是青少年更易沉迷于网络和游戏的主观原因，这种宣传教育或事后补救的策略有其合理的现实意义和实用价值，但游戏本身所具有的强大吸引力对于教育可能具有的积极意义的确也是客观存在，因此研究这种"诱"人上瘾的内部机制乃至加以合理的教育利用也同样重要。

　　当然，要在教育教学活动中真正融入游戏中的有趣因素也并非易事。首先就是要明确这些有趣的要素到底是什么？它们和学习有何关系？正如很多研究指出的那样，游戏虽然暗含情境认知和教学框架等教育方法，但基于游戏的学习的潜力远未能得到发挥；娱教游戏的设计者们并不了解游戏缘何会对教育有效，更不知道如何在整合课程和游戏世界的同时又不至于如普润斯盖（Prensky）所谓的"使游戏趣味尽失"（sucking the fun out）。因而在认真考察和提炼蕴含于游戏之中的那种支持心流体验获得的吸引力机制之后，也要研究如何将它们有效地整合到教育理论、教学和学习环境设计之中，才能真正实现有价值的娱教学习。换句话说，创造有效的整合方法或模式乃是将游戏吸引力原理应用于娱教的关键所在。

　　心流理论对"挑战"和"技能"之间的互动关系对于人们心理体验之影响的揭示，为这种整合提供了新的思路乃至具体的指导原则，因此应该在娱教软件开发之初，就对心流理论与游戏设计深入研究，提炼某种可控的，有利于游戏者获得心流体验的原则、模式或机制，进而在设计教育游戏和娱教项目（包括：课程、活动或软件）时运用此种这种模式或机制，使之能对学习者产生真正的吸引力。

　　一种可行的思路是：将心流理论中较为抽象的原则进一步地具体化，比如对"目标""反馈"和"挑战和技能相平衡"等项目进行界定、细化和分解，形成某种心流体验支持机制或系统；同时通过分析游戏的本质和特性，提炼某种游戏设计架构；再将心流体验支持机制具体映射到游戏设计架构之中，进而形成一系列可用于教育游戏和娱教软件开发和评估的工具。

第五章

心流体验支持系统分析

上士闻道，勤而行之。

——老子《道德经》

　　如前所述，支持心流体验的获得是游戏的吸引力来源之一，那么具体来说游戏到底是如何支持心流体验的获得呢？或者说，游戏中哪些要素的存在及其互动形式满足了心流体验的条件？目前这方面的研究比较有限，尚未上升到基于认知神经科学的实证研究的阶段，更多是一些来自个人经验的思辨。在这方面，斯维茨和沃斯（Sweetser & Wyeth）的观点颇有见地，他们将心流体验在游戏中的表现称为——"游戏流"（Game Flow），并概括了"游戏流"体验的一些要素及其在游戏任务设计中可能的实现方式[①]，见表5—1。

表5—1　　　　　　　　　　　**游戏流要素**

游戏要素	心流
游戏性	能被完成的任务
专心	（游戏者）能够专注于任务
挑战游戏者的技能	技能与挑战匹配，并且二者都必须超过某个阈值

---

① Sweetser, P. & Wyeth, P., "Game Flow: A Model for Evaluating Player Enjoyment in Games", *Computers in Entertainment*, Vol. 3, No. 3, 2005, pp. 3-6.

续表

游戏要素	心流
控制	通过练习培养（在游戏中）控制行动的感觉
明晰的目标	任务都具有明晰的目标
反馈	任务应能提供及时的反馈
沉浸	（游戏者）很容易就能被深深地吸引，并减少了对自我和时间的知觉

可以看出，两人的研究已经在一定程度上涉及了心流理论的原则，大致反映了游戏系统和心流体验之间的一些关联，或者说初步地显示了游戏功能和心流体验的实现条件之间的某种映射关系，显示了游戏对于心流体验支持的可设计性潜力。

然而，由于没有对心流体验实现条件进行系统性的分析与具体化，又缺乏一个完整而合理的游戏分析框架，上述要素难免有所遗漏或冗余。例如："游戏性"的说法未免过于笼统而泛化，这个人人都在说的"大神"到底是什么？表5—1中各项要素实际上都在反映着这个只可意会不可言传的"游戏性"的某个维度，而"任务"只是其中的一个因素罢了；另外"专心"和"沉浸"其实指向的是同一个问题的不同侧面，那么构成"游戏性"的其他要素是什么？各"游戏要素"之间的互动关系又是什么？该如何表达？如果这些内涵和关系都无法被清晰阐述，又处于相对孤立而静止的状态，显然也就不能完全揭示游戏对心流体验的支持原理或游戏吸引力的发生机制，当然也就无法真正用于实际的娱教项目或教育游戏的设计、开发或评估。

下文将对心流的表现要素和实现条件进行关联性分析，确定心流体验支持系统所应具有的具体目标和功能，详细分析游戏吸引力机制的原理。

第一节　系统与建模

系统是一种认识论工具，其核心思想在于对世界进行适当的简化、抽象和概括，建构和假设一些可以理解的表象、结构和关系，以使人们能够更好地适应和利用环境，更好地生存。从这个意义而言，在自然界和人类社会中存在着各种各样的系统，从宇宙中的天体系统、地球上的生态系统、动植物的生理系统，到人类社会的金融系统、交通系统、工程系统、计算机软硬件系统，"系统"已经成为人们耳熟能详广泛使用的词汇，各种抽象的概念、具体的事物都在共享这同一个隐喻，那么严格来说具备什么条件可以被称为一个系统，系统之间又有什么联系和共同之处呢？

一 系统概述

一般系统论的奠基者贝塔朗菲（Bertalanffy）认为，系统是"处于相互作用中的各要素的集合"①；中国学者顾培亮进一步阐述道"系统由某些相互联系的部件集合而成，这些部件可以是具体的物质，也可以是抽象的组织，它们在系统内彼此相互影响而构成系统的特性；由这些部件集合而成的系统的运行有一定目标，其部件及其结构的变化都可能影响和改变系统的特性"②。

综合来看可以认为，某个事物能够被称为一个系统，应该至少具有要素、结构、功能和环境等特征。首先，系统要有一个确定的目标或者功能；其次，系统由若干要素组成，且要素具有相对性和层级性：一个较为复杂的系统常常由若干子系统和要素组成，而子系统往往又由其他要素组成，也就是说，在系统的结构中可能形成不同的层级，子系统是其母系统的要素；再次，系统须具有一定的结构，即各要素在空间、时间等方面要形成有机的联系，相互作用的组织、机构、方式和秩序；再次，要素在这种结构下形成的效应则称为功能；最后，系统以外的其他与之有关的事物就是系统运行的环境。

根据上述定义，系统可能相对简单，比如一把茶壶、一个购物小推

---

① ［美］冯·贝塔朗菲：《一般系统论：基础、发展和应用》，林康义、魏宏森等译，清华大学出版社 1987 年版，第 35 页。

② 顾培亮编著：《系统分析与协调》，天津大学出版社 1998 年版，第 23 页。

车，也可能很复杂，比如计算机系统、交通系统、人体系统、天气系统等等。在某种意义上，探究世界的真理也可以看作是在不同的复杂度层面定义、构造和考察系统，对现实探究越深入，涉及的系统必然越复杂，越难以理解和把握。因此，为了深入有效地研究复杂系统，"就应当构造简明、相似的模型，以便借助这一模型，了解系统的本质特征、主要因素间的相互关系、功能和行为特性及运行规律"；另外，"由于模型可以在一个完全受控的，而又近似于真实的环境中运作，故可用很少的资源、费用、人力在较短时间内获得所需的系统信息"[①]，因此从经济和可行性的角度考虑，对复杂系统而言，构建某种能反映其核心特征和功能、又直观简洁的模型进行研究，不失为一种明智的选择。

二　建模分析

（一）模型概述

所谓系统模型，是对于系统特性的概括性表征或描述，是以某种较为直观的方式对于真实系统的一种抽象、描述和模仿，一般是以某种确定的形式（如文字、符号、图表、实物或数学公式等），反映系统某一方面的本质或特征，及其主要构成因素和它们之间的关系，从而可方便、经济、适时地提供信息和情况，供决策者参考。因此，系统模型应该至少具有以下三个功能：

（1）简明扼要地反映目标系统的本质与特征；

（2）描述出目标系统的主要行为和功能；

（3）能够对目标系统进行研究，例如功能分析、行为控制、状态预测、评价和优化等。

系统模型反映着实际系统的主要特征，但从抽象性的层面来看，它又高于实际系统而具有同类问题的共性。由于现实世界的复杂性，因此系统模型也多种多样，可以从不同的角度进行划分。按照模型的表达形式和建模目

---

① 汪树玉、刘国华等编著：《系统分析》，浙江大学出版社 2002 年版，第 43—63 页。

的，以及目标系统的性质和参数的不同，系统模型大致可分为如下几种①，见表5—2。

表5—2　　　　　　　　　　　　系统模型分类

分类标准	模型类型	模型含义
表达形式	概念模型	通过人们的经验、知识和理性分析而形成，借助文字描述来表达和传递思维概念
	数学模型	通过数学和逻辑推导，由数学解析式和逻辑表达式等组成
	物理模型	又称实物模型，用某种材料按实物的原型和一定的比例（放大或缩小）仿制而成
建模目的	功能模型	用于分析系统的功能
	计划模型	用于制订工作计划和安排日程进度
	评价模型	用于系统评价，反映和协调相关功能、成本、性态、可靠度和时间等指标
	预测模型	用于预测系统及其有关特性的未来发展情况
系统特性	系统结构模型	表明系统各要素间相互依赖、相互作用的关系，着重揭示系统的几何拓扑与定性结构，而不注重模型的代数描述或数量、统计上的特性
	状态空间模型	关注系统的动态品质与特性，反映系统输入/输出和系统状态之间的相互影响关系
	动力学模型	通过刻画存在于系统中各要素之间的、体现系统结构性和整体性的因果关系，它强调并注重动态系统的信息反馈环节，着重于系统的行为趋势、预测预报的探讨
	输入输出变量模型	关注系统的动态特性，但不同于状态空间模型，它是通过系统的输入与输出之间的关系或传递函数来表达
	灰色系统模型	灰色系统理论将随机过程看作是在一定时空区域内变化的灰色过程（控制论中以"灰色"表示对系统的了解和认识不完全），根据社会、经济等系统的行为特征数据，找出因素本身或因素之间的数学关系，从而了解系统的动态行为和发展趋势

（二）原则步骤

虽然自然和社会系统千变万化，对其进行表征的具体手段和复杂程度也不尽相同，但人们总是乐于试图寻找它们在某种抽象程度上的共同点，有学者总结了若干系统建模的原则和步骤②，见表5—3。

---

① 顾培亮编著：《系统分析与协调》，天津大学出版社1998年版，第92页。
② 汪树玉、刘国华等编著：《系统分析》，浙江大学出版社2002年版，第65—68页。

表 5—3　　　　　　　　　　建模原则与步骤

建模原则	（1）明确系统建模的目的 （2）确定系统模型的种类和形式 （3）确定系统模型的功能 （4）确定系统模型的组成要素 （5）尽可能简化（保证必要精度的前提下） （6）机理分析与利用观测、实验数据的统计分析相结合 （7）充分利用事物的相似性和对偶性——比拟思考法 （8）分解与综合 （9）模型校验
建模步骤	（1）明确系统建模的目的和要求 （2）对目标系统进行一般的语言描述，建立文字概念模型 （3）分析和厘清系统中的各种要素及其相互间的关系 （4）确定模型的结构，根据有关的学科知识，用图形、符号或数学公式等表达出要素间的各种关系 （5）（如果是数学模型则）估计模型中的参数，用数量表示系统中的因果关系 （6）对模型进行检验 （7）对模型进行修改与调整

上述建模原则与步骤可谓是系统分析思想的一种具体体现，以此为指导可以更为全面地把握系统整体、各要素特性及其相互间的关系。但也应该指出，这些原则只是体现了系统建模的一种宏观方法论特征，在真实问题中，由于现实系统多种多样，它们的形态、性状、目的与作用均不相同，不可能有固定不变的建模方法，亦无法确定哪种建模方法是最好的，因而必须具体问题具体解决。

由此可见，这些原则和步骤提供的其实是一种较为宏观的方向性指导，根据表 5—2 所列的分类原则，本研究所关注的系统模型从表达形式上看，是一种概念模型；从建模目的上看，是一种功能模型；从系统特性上看则是一种力图反映其动力学特征的系统结构模型。下文将大致按照表 5—3 中的原则和步骤，结合研究的实际情况来构造这种心流体验系统模型。

第二节　系统分析

一　范畴界定

本书所关心的系统可大致划分为：人际系统、人机系统和心流体验支持系统。根据前文对心流体验的分析，某种有利于其参与者获得心流体验的活动既可以是传统的、以人际互动为主的社会性游戏活动，也可以是由信息技术支持的人机交互的电子游戏。在两种活动中，人与计算机各自都是独立的系统，且人与人、人与计算机之间又通过特定的方式交换信息和能量，形成了更加复杂的具有独特结构、目标和功能的新系统——人际系统和人机系统，这两类系统围绕游戏活动交织在一起，相互影响和作用，在一定条件下又可能形成一些新的系统，其中就包括我们要研究的心流体验支持系统。下面先对这些目标系统做一个较为清晰的界定。

（一）人际系统

人际活动系统是最常见的一种社会性系统，在这种系统中，人和活动是系统最重要的两个要素。广义上说，人们之间的一切交往和互动都属于这种系统，但本研究关心的主要是那些由人们主观设计的，具有明确的时空边界、规则和内容的可控活动，例如教学和游戏活动。在此类活动中，参与者穿着角色的外衣，其言行必须服从该角色的规定，以特定活动为中介发生关系，或者说交往只能通过被预先设计的活动进行，而活动则规定了角色之间的关系、交往的具体目标、规则、方式和媒介等内容。这种系统的构成和互动方式大致可由图5—1来表示。

（二）人机系统

总的来说，计算机由硬件系统和软件系统组成。不作专业层面的严格划分，软件系统大致又可以分为操作系统软件和应用软件等。不同的软、硬件系统的共同作用则在逻辑上形成了具有不同功能的子系统。这样的例子不胜枚举，文本处理、图像处理和电子游戏等都是此类子系统。当然，如果对这些子系统进一步划分，则可以得到更细致的子系统分类，比如不同的游戏类型。

人和计算机的互动，实际上是和这些子系统的相互作用，在这一过程中，人和这些子系统都可以认为是人机系统的要素，它们又形成了新的系统结构和特定功能。总体而言，人机系统的实现方式多种多样，不同人机

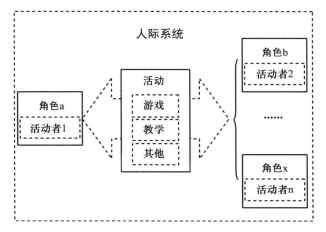

图 5—1　本研究涉及的人际系统示意

系统的组合会形成更大更复杂的人机系统，这种系统的构成和互动方式大致可由图 5—2 来表示。

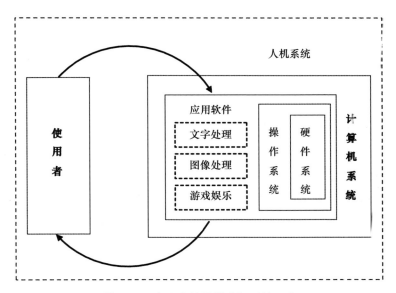

图 5—2　本研究涉及的人机系统示意

（三）心流体验支持系统

本书涉及的系统都是人为设计的，在某种程度上，人机系统可以认为是人际系统的一种演化或特例。在人际系统（人机系统）中，人与人（人与计算机）之间的行为必然是互相影响的，设计者对这些行为的潜在影响是通过对活动的设计（或通过对计算机软、硬件系统的设计和编程）来实现的，具体到游戏活动中则是通过用游戏特有的语言对活动进行安排和组织达成的。

虽然游戏设计并无定规，但从传统游戏设计和制作的角度来划分，游戏系统至少可以分为：艺术（包括美工、化妆、音乐等）、脚本（包括创意、故事等）和技术（计算机技术、编程）等子系统的设计①。显然，类似的设计方式并未直接涉及任何心流体验方面的考虑，而且至今为止也无资料显示：在设计教育游戏或娱教项目时大多数设计者会有意识地从支持心流体验的角度来考虑问题（即便存在一些优秀的作品确实支持心流体验），可见游戏对于心流体验的支持实际上处于一种自发而并不可控的状态，换句话说，游戏设计者并没有有意识地去设计心流体验支持系统。因而如果希望让教育游戏或娱教项目总是有利于心流体验产生，则在其设计中就应该考虑一个同时作用于人机（际）之间的全新系统——心流体验支持系统，见图5—3。

心流体验支持系统不同于以往的任何人机（际）交互系统，但又和它们紧密联系，它是一种通过信息架构的规划和设计对主体心理施加影响的方式，不依赖于某种具体的开发技术和手段，而是通过对相关人机（际）交互的方式、特性和功能进行定向的规定和调节，对参与者的心理施加积极的影响，因此只要设计得当，无论传统活动还是信息技术支持的活动都能得到它的支持。可以说，心流体验支持系统提供了一种新的视角，以便研究和形成有利于发挥人的潜能，使人们体验到更多乐趣的人机（际）交互系统或活动环境而对这一系统的分析与设计也正是本

---

① ［美］Andrew Rollings，Dave Morris 编著：《游戏架构与设计》，付煜、庄晓雷等译，北京希望电子出版社2005年版，第25—29页。

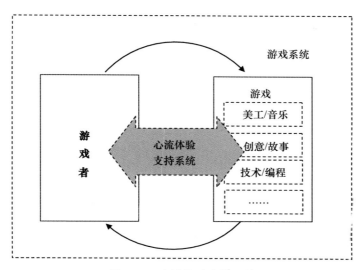

图 5—3　心流体验支持系统

书的核心所在。

二　目标分析

（一）系统宏观目标分析

通过上文的界定，目标系统的边界已经比较清楚，该系统是一种全新的特殊的人机（际）交互系统，它在游戏系统和人之间发生作用，涉及游戏的信息表征和人的心理活动层面，这种系统有自己明确而独特的目标，宏观而言，心流体验支持系统的目标可以描述如下：

> 设计某种可以内嵌于人机（际）交互系统架构中的信息交互机制，当这种机制发生作用时，将使得该系统的运作满足心流体验发生条件集合中的全部指标（见第四章第三节表 4—6），以支持游戏者获得心流体验。

下文将根据这一总体系统目标，对其子目标——心流体验发生的条件——进行具体的可控性分析和详细解读，进而界定系统功能，构造系统模型。

（二）心流可控性及条件

如前所述，契克森米哈赖将与沉浸相关的要素（factors）总结成九个，而后来的研究者又将这九个因素进一步归纳为三个群组（group）或阶段（stages）①：

（1）前提（antecedent conditions）或事前（antecedents）：明晰的目标、明确而及时的反馈和应对挑战的适当技巧；

（2）特性（characteristics）或体验（experience）：行为和意识融为一体、全神贯注和掌控的感觉；

（3）体验的结果（consequences of experience）或效果（effects）：自我意识的丧失、时间感的改变和体验本身变得具有目的性。

其中，第（1）组"前提或事前"中的要素是心流体验的必要条件（显然，并非充分条件），只有具备这些条件，主体才有可能在其从事的活动中感受到心流体验。这些条件是对活动和主体的一些客观要求，因而完全可能进行一定的人为干预与控制，这其实就是心流体验支持系统的设计主体；而第（2）、（3）两组描述的是心流体验发生时，主体的某种心理状态或自我感受，是由第一组中的要素和其他因素共同作用后所导致的心流体验的表现特征和结果，所以并不属于可控要素。

因此，某种支持心流体验的人机（际）交互系统必须至少满足第（1）组要素的要求，或者说，该系统不论以何种方式呈现，都将具有：明晰的目标、明确而及时的反馈和应对挑战的适当技巧等三个基本特征。

然而这三个条件毕竟只是一种概括性的描述，要真正能在游戏系统中实现还显得太笼统，只有将之进一步分解和具体化才有可能用于游戏系统的构建。

---

① Novak, T. P., et al., "Measuring the Customer Experience in Online Environments: A Structural Modeling Approach", *Marketing Science*, Vol. 19, No. 1, 2000, pp. 22-44.

如上所述，可以影响心流体验的发生及其表现方式的因素很多。其中有些是可控的，它们直接与活动本身的结构和方式相关，当活动有不同的表现方式时，这些因素也会发生相应的变化。显然，当活动的内容一定时，其结构和方式往往是可以设计的，因而对这些因素的控制可以通过对活动的结构和方式的设计来进行。当然，还有其他一些因素对心流体验也具有影响，但此类因素往往并不涉及活动本身，如：活动发生时的社会背景与自然环境、参与者的自身条件及其对活动的喜好和熟悉程度等，由于这些因素往往可能很复杂，并常常交织在一起，甚至是不可观测的，因而这些因素是不易或不能被人控制的。

　　综上所述，对于契克森米哈赖指出的心流体验九要素，在某项活动中，只有"明晰的目标""明确而及时的反馈"和"应对挑战的适当技巧"等三个要素属于活动的结构和方式的范畴，并且它们并不涉及具体的内容，可以通过对活动的设计来控制它们，下文对这些条件进行了更具体的分解，是进行支持心流体验的、内容非特定的人机（际）活动系统结构设计的基础。

　　1. 明晰的目标

　　目标具有主观和客观两个层面的含义，一是指活动参与者的主观性期望或愿景（vision），即：对所参加的活动将给其带来的物质或精神方面的影响的预期；二是指由活动规则、内容和结构等方面决定的（无论参与者为何人），活动过程中或完成后必然会产生的客观性结果（object）。比如下围棋时吃掉对方棋子、占更多的"地盘"等，踢足球时射门、得分等。参与者的主观愿望可以是明晰的，也可以并不完全具体（如：人们下棋或攀登的初衷可能只是消磨时间、娱乐、挑战自我等较为笼统的想法），而这种目标显然是活动设计者无法把握的，因此系统中的"明晰的目标"指的是活动本身内在的客观目标（object），而非参与者自身的主观愿望。此条件可以进一步具体解读如下：

　　（1）活动必须有自身的内在目标

　　每一个特定活动总是有一个由其规则和内容决定的固定不变的目标。

比如，总体而言，象棋的目标就是"将死"对方，电子游戏《超级马里奥》的目标就是救出公主。

（2）活动目标是以某种方式被清晰而具体地描述的

在人机（际）活动系统中，总体目标则具体化为：系统提供的每一个活动都清晰地指向某一类要求，而使用者对完成这些要求所要采取的行动和操作行为最终也是可感知、可描述、可以学习和掌握的，例如在象棋中，总体目标具体化为和对手一招一子不断地博弈，《超级马里奥》则是不断地打怪、避险等等。

显然，由于活动参与者对这些操作或决策行为的认识、掌握和熟练程度不同，完成这些目标的结果就包含着多种可能性，甚至是无穷无尽的，而这种开放性和自由性也正是这种活动的魅力所在。

2. 明确而及时的反馈

反馈的含义比较清楚，指的是在与活动的互动中，人的行为对活动的影响被系统以某种方式表现出来的过程。例如，全身心投入的画家在进行艺术创作时不断得到的反馈是：他每一次运用画笔产生的影响将在画布上立刻反映出来，这种反馈也许对别人并不明显，但对画家本人而言必定是明确而及时的。以下是对此条件的具体解读：

（1）活动对参与者的行为有反馈；

（2）反馈对参与者而言是及时而明确的。

在玩电子游戏时，上述反馈则具化为：玩家做出一个操作后，系统首先对其做出判断，然后评估与确定此操作对活动的影响程度，并以一定的形式表现出来。比如在格斗游戏《街头霸王》（Street Fighter II）中，玩家操作摇杆和按键组合，意图让其控制的角色发出一个"超级连招"，系统首先判断该操作是否正确（连招通常很复杂，容易失误），如果操作正确，则让角色发出此招，同时评估其给对方角色的影响，然后呈现击中对手或被防守住的动画声效及伤害程度。

总体上，在即时战略和动作类游戏中，系统反馈尤须迅速，要电光石火般地和玩家操作丝丝入扣，正所谓"说时迟那时快"，这种表现对旁观者而言可能是显而易见、也可能是难以察觉的，但对游戏者来说必须是明确而及时的。换句话说，反馈对整个活动必然会有或大或小或明或暗的影响，且游戏者对这种反馈的特性应该是能够随时感知、深切了解并能充分把握的，而要能对系统的反馈做到这种细致感应和洞察，自然也就对游戏者关于活动的经验、认识和控制能力本身有相当的要求。可以说，系统反馈越细腻、与游戏者对活动的理解和应对能力匹配越恰当，后者越会感到"得心应手"，越容易获得心流体验。

3. 应对挑战的适当技能

契克森米哈赖等人的研究表明，即使在同样的活动中，并非人人都会产生心流体验，而那些曾获得心流体验的运动员、艺术家和科学家，或是某项活动的"发烧友"（如：攀登爱好者和日本的暴走族）则至少具有两项共同特征：不但非常喜爱自己从事的工作和活动，而且全都具备相当的专业知识和技能。因此可以认为，具备解决活动中遇到的问题和挑战的适当技能是获得心流体验的又一必要条件。

根据马西米尼（Massimini）和卡里（Carli）等人的研究，所谓"适当"具有两层含义：一是指挑战强度和技能强度之间的比例，二是指二者的这种强度各自达到的水平。由此，这一条件又可以分解为下述（1）和（2）两个条件集合：

（1）挑战和技能处于动态平衡状态

上述条件含有三层意思，分别概括了对活动和参与者的两个基本要求，及其相互间的比例关系，所以条件集合（1）可以进一步分解如下：

A. 个体在活动中将面临一定的挑战；

B. 为应对此种挑战，个体应掌握一定的技能；

C. 个体面临的挑战和其掌握的技能相当，或掌握的技能恰好可以应对挑战。

活动是一个相对笼统的概念，在人机（际）交互系统中，活动常常是由一系列具体的挑战构成的，因此活动的目标其实是由蕴含其中的各个挑战的目标来具体体现的，故而条件"A. 个体在活动中将面临一定的挑战"实际上也受到其上一级条件"1. 明晰的目标"的约束，即：挑战的目标也要清晰。

（2）挑战与技能达到平均水平

设计者必须对活动中将会出现的最小和最大挑战，以及参与者可能掌握的最低和最高技能，都有整体的规划，因此对条件集合（2）可以进一步分解如下：

A. 假设在此活动中，个体所面临的挑战水平从低到高分为 n 个等级，那么心流发生时个体所面临的挑战应不低于第 (n+1) /2 级水平；

B. 假设在此活动中，个体所能掌握的技能水平从低到高分为 n 个等级，那么心流发生时个体所掌握的技能应不低于第 (n+1) /2 级水平。

在马西米尼等人的研究中，个体所面临的挑战水平和技能水平从低到高都被分成了 9 个等级，而研究结果也显示，研究对象获得心流体验时，他们所面临的挑战及其所掌握的技能都大致处于第 5 级水平[①]。

综上，某个有利于其参与者获得心流体验的活动系统应能满足（或达到）以下三大类共九个具体条件（目标）。这些条件在表 5—4 中以英文 Condition 的首字母大写 C 加数字序号标示。

表 5—4　　　　　　　　　　　心流体验条件分解表

心流体验影响要素	条件解读
（1）明晰的目标	C1：系统提供的活动必须有目标
	C2：活动目标是以某种方式被清晰而具体地描述的

① Massimini, F. & Carli, M., "The Systematic Assessment of Flow in Daily Experience", In: Csikszentmihalyi, M. & Csikszentmihalyi, I. S., *Optimal Experience: Psychological Studies of Flow in Consciousness*, Cambridge: Cambridge University Press, 1988, pp. 266–287.

续表

心流体验影响要素		条件解读
（2）明确而及时的反馈	C3：活动对参与者的行为有反馈	
	C4：反馈对参与者而言是及时而明确的	
（3）应对挑战的适当技巧	C5：挑战和技能处于平衡状态	C5.1：个体在活动中将面临一定的挑战 C5.2：为应对此种挑战，个体应掌握一定的技能 C5.3：个体面临的挑战和其掌握的技能的比值为一
	C6：挑战与技能达到平均水平	C6.1：假设在此活动中，个体所面临的挑战水平从低到高分为 n 个等级，那么心流发生时个体所面临的挑战应不低于第（n+1）/2 级水平 C6.2：假设在此活动中，个体所能掌握的技能水平从低到高分为 n 个等级，那么心流发生时个体所掌握的技能应不低于第（n+1）/2 级水平

至此，通过对契克森米哈赖提出的心流体验要素中可控部分的细化分析，我们得到了有利于人们在某种活动系统中获得心流体验的三组共九个具体条件，这些条件较为细致地规定了此种系统的功能（与活动的具体内容无关）必须达到的若干具体目标。由此，利用系统分析的一些基本原理，则可以进一步具体界定该系统应该具有的基本功能，进而确定系统要素和逻辑架构。

三　功能分析

根据上面的分析，理论上说，某个有利于其参与者获得心流体验的交互系统所具有的功能，必将满足表 5—4 中的条件集合，反过来，凡是能满足上述条件的交互系统都有可能支持心流体验的发生，只是在不同系统中，由于运行规则、形式和内容等要素不同，功能的具体表现方式也就不尽相同。本文约定，将系统中能满足上述条件的功能称为"心流支持系统元功能"。

（一）针对条件集合"明晰的目标"的元功能

上文论及："活动是一个相对笼统的概念，人机（际）交互系统进行的活动常常是由一系列具体的挑战构成的，而活动的目标也是由各挑战的目标来具体体现的"，因此为满足表5—4确定的条件C1和C2，系统在目标层面应能提供如下功能（各功能以英文Function的首字母大写F加数字序号标示）：

> F1：系统能不断地提供蕴含某些挑战的活动；
>
> F2：这些挑战有自身的目标；
>
> F3：系统能将这些挑战的目标以某种方式清晰而具体地表述。

（二）针对条件集合"明确而及时的反馈"的元功能

由于活动是由挑战序列构成的，所以系统的"反馈"实际上是针对使用者应对挑战的行为而言的，因此为满足表5—4确定的条件C3和C4，目标系统在提供反馈层面应具有如下功能：

> F4：使用者能以某种方式应对挑战（这一功能又可细化如下，余同）；
>
> F4.1：系统中存在应对此种挑战的技能和资源；
>
> F4.2：使用者能以某种操作或行为方式使用这些技能和资源；
>
> F4.3：系统能识别使用者的操作或行为；
>
> F5：使用者的行为对系统的影响能以某种方式被体现；
>
> F5.1：使用者的操作或行为对系统具有某种程度的影响；
>
> F5.2：系统能评估这种影响；
>
> F5.3：系统能以某种方式表现这种影响。

（三）针对条件集合"应对挑战的适当技巧"的元功能

所谓"适当"，意味着系统提供的挑战应该是动态的、自适应的，能够根据游戏者的水平适时调整挑战的难度，这实际上包含了三个方面的意思：

（1）系统对挑战的难度水平应进行全面细致地规划，且这些挑战都是在使用者所可能掌握的技能极限中可以被解决的；

（2）系统发出的挑战水平要与使用者当前已掌握的技能水平相当；

（3）系统应能尽快让使用者掌握相当于平均熟练水平的技能。

因此为满足表5—4确定的条件C5和C6，目标系统应具有如下功能：

F6：系统发出的挑战和使用者当时掌握的技能相适应；

　　F6.1：系统能评估使用者现有的技能水平；

　　F6.2：系统对所能发出的挑战的整体难度有所规划；

　　F6.3：产生与这种技能相当或略高的挑战；

F7：挑战与技能达到平均水平；

　　F7.1在使用者掌握平均熟练水平的技能之前，能产生足够的吸引力使其继续使用系统；

　　F7.2当挑战和技能达到相当或挑战略高的状态和平均水平时，系统应能尽量维持这种状态；

　　F7.3系统应能主动结束这种状态。

显然，功能F7.3并不属于各条件集合对目标系统的要求，并不是获得心流体验的某种条件，也非来自契克森米哈赖团队的研究结论，相反，正是这一功能将结束对系统使用者的心流体验的支持，这显然是出于对使用者健康的考虑，亦即系统应能在用户过度使用时采取一定的保护措施。

从能够支持心流体验产生的系统必须具有的要素、产生条件到该系统的功能要求，其对应关系如表5—5所示。

表5—5　　　　　　　心流体验支持系统功能分析

影响要素	产生条件解读	系统功能要求
（1）明晰的目标	C1：系统提供的活动必须有目标	F1：系统能不断地提供蕴含某些挑战的活动 F2：这些挑战有自身的目标
	C2：活动目标是以某种方式被清晰而具体地描述的	F3：系统能将此种挑战的目标以某种方式清晰而具体地表述

续表

影响要素	产生条件解读		系统功能要求
（2）明确而及时的反馈	C3：活动对参与者的行为有反馈		F4：使用者能以某种方式应对挑战 　F4.1：系统中存在应对此种挑战的技能和资源 　F4.2：使用者能以某种操作或行动使用这些技能和资源 　F4.3：系统能识别使用者的操作或行为
	C4：反馈对参与者而言是及时而明确的		F5：使用者的行为对系统的影响能以某种方式被体现 　F5.1：使用者的操作或行为对系统具有某种程度的影响 　F5.2：系统能评估这种影响 　F5.3：系统能以某种方式表现这种影响
（3）应对挑战的适当技巧	C5：挑战和技能处于平衡状态	C5.1：个体在活动中将面临一定的挑战 C5.2：为应对此种挑战，个体应掌握一定的技能； C5.3：个体面临的挑战和其掌握的技能的比值为一	F6：系统发出的挑战和使用者当时掌握的技能相适应 　F6.1：系统能评估使用者现有的技能水平 　F6.2：系统对所能发出的挑战的整体难度有所规划 　F6.3：产生与这种技能相当或略高的挑战
	C6：挑战与技能达到平均水平	C6.1：假设在此活动中，个体所面临的挑战水平从低到高分为 n 个等级，那么心流发生时个体所面临的挑战应不低于第（n+1）/2级水平 C6.2：假设在此活动中，个体所能掌握的技能水平从低到高分为 n 个等级，那么心流发生时个体所掌握的技能应不低于第（n+1）/2级水平	F7：挑战与技能达到平均水平 　F7.1 在使用者掌握平均熟练水平的技能之前，能产生足够的吸引力使其继续使用系统 　F7.2 当挑战和技能达到相当或挑战略高的状态和平均水平时，系统应能尽量维持这种状态 　F7.3 系统应能主动结束这种状态

以上功能并不特别局限于某一种人机（际）交互系统，只要满足这些功能的人机（际）交互系统都有可能支持其使用者获得心流体验。实际上我们都有这样的体会，无论传统的还是电子的，真正优秀的游戏在条件适当时都能引人入胜使人乐此不疲。但不同的人机（际）交互系统具有不同的活动形式和原始功能，对心流支持系统元功能的实现必然有自己独特的方式，因此当以游戏为载体来形成心流体验支持系统时，关键在于如何将这些元功能在某种游戏的系统框架内付诸实现，或者说，如何以游戏的方式实现这些元功能。

下文将结合一个以游戏语言描述的游戏总体概念框架，进行具体的游戏系统功能分析，然后将上述分析所确定的心流体验支持系统应具有的目标和功能，和该游戏系统的功能相映射，最终建立一个可用于教育游戏设计或其他娱教活动的游戏吸引力模型。

第六章

游戏吸引力模型

精心构思的模型将展现被建模系统的复杂性及涌现现象。

——约翰·霍兰德《涌现》

概括而言，模型是对真实事物的一种模拟和简化，构建模型的目的则是体现人们对事物的某种理解、便于对之进行改造或与他人进行交流；模型可以是依照实物的形状和结构按比例制成的某种具体物品，也可以是以文字、图表、公式或某种抽象符号构成的形式化表征，后者通常能更深刻地反映实体的特征及其变化规律，有利于全局性地理解和把握其构成要素与关系，及其相互作用的过程与结果，因此更常用于复杂系统的分析和研究。

第一节　基础理论分析

游戏作为一种普遍的人类活动形式，既灵活多变、戏无定法，但又有其特殊的组成形式和运作方式，因此要以一种统合性的视角对非特定游戏的功能进行系统的分析，就必须借助于某种能反映游戏的共同要素、特性、结构和运作规律的框架。然而就笔者所掌握的资料来看，目前这方面的理论研究仍然比较有限，因此在下文中，我将结合传统游戏理论的研究成果和当今电子游戏发展的最新特点，在社会活动理论的视野中对游戏进行深入剖析，进而对游戏的组成要素、特性、结构和功能进行统合与建构，形成一个通用的游戏分析框架，并以此为基础对心流体验支持系统在游戏中的整合性设计进行详尽分析。

一　前人对游戏的思考

（一）游戏的本质

游戏也许是人类最古老、最常见的活动之一，不同研究领域的众多学者都曾对游戏的本质进行过深入探讨，其观点反映出游戏本质属性的不同侧面。按照出现时间和其所依据的理论假设来分，比较有代表性的观点有较为早期的生命本能游戏观、精神分析学派的发泄和掌握论、认知发展和社会教育观等。其中，生命本能游戏观的产生和发展深受达尔文进化论的影响，带有比较明显的生物学色彩，从先天的、生命本能的角度对游戏进行了较为形而上的剖析；精神分析学派强调游戏对人的心理形成和行为表现的影响；认知发展和社会历史观则关注游戏在儿童智能建构和学习发展中的重要作用。各派观点出发点不同、各有侧重，有些甚至相互对立，但正是这些多样化的思考丰富和加深了人们对游戏的认识，对后世研究产生了深刻影响。表6—1到表6—3对这些主要观点和代表性人物作了一个概括。

表6—1　　　　　　　　　　　　　　生命本能游戏观

名称	代表人物	主要观点
精力过剩论	席勒	（1）生物除了维持正常生活外还有剩余的精力，这种过剩的精力必须寻找适当的途径消耗掉，而游戏就是最适合的方式 （2）因此剩余精力越多，游戏冲动就越多
娱乐休闲说	赫伊津哈 拉泽卢斯	（1）游戏不是发泄精力，而是松弛、恢复精力的一种方式 （2）人们在生活中消耗脑力及身体上的能量，会造成疲劳，需要充分的休息与睡眠，只有参与脱离工作压力的游戏活动，才能使健康得到真正的恢复，所以人们需要游戏
练习理论	格罗斯	（1）游戏具有适应的目的，是小孩对成人活动的一种模仿 （2）儿童虽具有天生的本能，但并不能完全满足将来的复杂生活，因此要有一个准备生活的阶段 （3）在游戏中，儿童是对过程感兴趣而非对行为的结果感兴趣 （4）游戏的这种对未来生活的准备是一种无意识行为，例如：女孩玩娃娃即是在本能的基础上，为将来做妻子和母亲做准备

续表

名称	代表人物	主要观点
重演论或种族复演说	霍尔	（1）游戏是远古时代人类祖先的生活特征在儿童身上的重演 （2）不同年龄的儿童重演着祖先不同形式的本能活动，对应着从史前的人类祖先进化到现代人的各个发展阶段 （3）文化经验是可以遗传的，因此游戏中的所有态度和动作都是遗传下来的，例如：儿童爬树是重复类人猿在树上的活动，而玩打猎、捕鱼、搭房子的游戏则是重复原始人的活动等①

表6—2　　　　　　　　　　**精神分析学派游戏观**

名称	代表人物	主要观点
发泄论或补偿说	弗洛伊德	（1）天生的欲望是一切机体生存的基础，儿童天生也有着种种欲望需要得到满足、表现和发展，但其生活的客观环境不可能让其为所欲为，因此他们内心必然产生压抑，并可能导致自私、捣乱、发脾气等不良行为 （2）因此游戏就成为一种保护性的心理机制，使得儿童得以逃避现实生活中的紧张、拘束，为儿童提供了一条安全的途径来宣泄情感，减少忧虑，发展自我，以实现现实生活中不能实现的冲动和欲望，使心理得到补偿
掌握论	埃里克森	（1）游戏不仅可以降低焦虑，对愿望进行补偿性满足，而且对自我发展作用巨大，与人格发展具有紧密的联系 （2）由于人格的发展决定于生物因素和社会因素相互作用的结果，而游戏可以帮助自我对二者进行协调和整合，因为游戏创造了一种典型的情境，在其中过去可复活，现在可表征与更新，未来可预期 （3）游戏的形式随年龄的增长和人格的发展而不同，并帮助儿童人格从一个阶段向另一个阶段发展

表6—3　　　　　　　　　　**认知发展与社会教育游戏观**

名称	代表人物	主要观点
认知发展观	皮亚杰	（1）游戏是思维的一种表现形式，儿童早期认知结构发展不成熟，往往不能保持同化与顺应间的协调和平衡，当顺应作用大于同化，表现为主体忠实地重复范型动作，就是模仿，当同化超过了顺应则是游戏 （2）在感觉运动的根源上，游戏把现实同化到自我之中 （3）游戏中使用的符号对于个人，正像语言标志对于社会一样 （4）从感觉运动练习与符号这两种主要的形式看来，游戏乃是把现实同化于活动本身 （5）当同化作用大于顺应作用，表现为主体较少考虑事物的客观特性，只是为了满足自我的愿望与需要去改造现实，这就是游戏 （6）游戏的发展水平与儿童智力的发展水平相适应，在智力发展的不同阶段具有不同的游戏类型②

---

① 高月梅、张泓编：《幼儿心理学》，浙江教育出版社1993年版，第40—46页。

② ［瑞士］皮亚杰：《皮亚杰教育论著选》，卢濬选译，人民教育出版社2015年版，第51、52页。

续表

名称	代表人物	主要观点
社会历史观	维果茨基等	（1）儿童的游戏，无论就其内容或结构来说，都不同于幼小动物的游戏，它具有社会历史的起源，而不是生物学的起源 （2）社会形成和推行游戏的目的是教育和培养儿童参加未来的劳动活动①

不难看出，对游戏本质的看法取决于分析者所采取的视角，各家观点实际上反映了游戏的不同侧面，综合前人的研究，也许我们可以这样看待游戏的本质：

（1）从生物学的角度来看，游戏是一种当主体具有多余的精力和时间时所进行的休闲和放松活动；

（2）从心理学的角度来看，游戏是整合影响个体发展的生物因素和社会因素的途径，可以通过虚拟性的愿望实现和现实改造，帮助游戏者协调心理、发展自我；

（3）从认知发展的角度看，游戏是儿童主动学习和认知建构的重要形式；

（4）从社会历史的角度来看，游戏是在社会教育目标的影响下，为成人后的社会角色和劳动做准备。

无论采取何种视角，有两点是可以肯定的：首先，从动机来看，人们进行游戏必须是自愿参与的，任何的被迫都不再是游戏；其次，从目的来看，游戏的目的就是其过程本身，就是单纯为在这种活动中获得某种体验。

在英文中游戏和比赛都可以用 game 一词表示，二者在开展形式或过程上确实你中有我，我中有你，不易区分。严格来说二者的差别只在参与者的动机或愿望这一主观性层面上，即游戏者的目的必须是纯粹的，只为体验游戏过程本身，除此之外没有任何目的；而比赛（包括体育或其他任

---

① ［苏］维果茨基：《游戏及其在儿童心理发展中的作用》，余震球译，《心理学问题》1966年第6期，第62—67页。

何类型的竞赛）的参与者则必定或多或少具有活动之外的诉求。正如《现代汉语词典》所指出的那样，游戏是某种"娱乐活动，如捉迷藏、猜谜等。某些非正式比赛项目的体育活动如康乐球等也叫游戏"①。从这个意义上说，没有竞技目标的体育活动也是游戏，而一旦有了某种关注活动过程之外的目标，游戏就必然会发生某种演化。例如体育比赛关注最终的结果，因此已经不是纯粹的游戏；原始人为了生存而进行的狩猎活动也不是游戏，而近现代人们为了取乐而进行的狩猎反而具有了更多的游戏精神。

显然，参与者的动机或目的是一种主观感受，随时都可能变化，因此在现实的 game 中，由于存在这种动态的不可完全捉摸或界定的内部主观性，要完全严格地区分游戏和比赛其实并不容易也无必要。

（二）游戏的特性

以上对游戏本质的探讨主要集中于哲学、人类学和心理学的范畴，关注其伦理和价值等形而上层面的意义，并不涉及游戏的具体特性或结构。所谓游戏特性则是指游戏不同于其他活动的内在属性（有很多人也将其称为游戏性），换句话说，由于具备这些属性使得游戏和其他活动得以区别开来，使得人们愿意花费大量时间、精力和金钱，而又毫无功利目的地进行这种活动并乐在其中。因此，对游戏特性的深入研究将是透彻地理解和利用游戏吸引力的积极价值的又一坚实基础和必然途径。

1. 普通游戏

游戏的形态可以说是无穷无尽，所依托的平台也丰富多彩，基于信息技术的电子游戏只是其中一种（当然时至今日也是最重要的一种），为使讨论更具针对性，我们将首先讨论游戏作为一个整体所表现出来的共有特性，在此基础上再讨论电子游戏特有的属性。

（1）赫伊津哈的观点

荷兰哲学家赫伊津哈（Huizinga）曾在其《游戏的人：文化的游戏要素研究》一书中对游戏的本质和特性做过非常深入的探讨，其研究对后世

---

① 中国社会科学院语言研究所词典编辑室编：《现代汉语词典》（第七版），商务印书馆 2016 年版，第 1525 页。

学者影响甚大，在谈到游戏时对其观点常多有肯定和借鉴。他对于游戏特性的看法总体而言大体可以归纳为以下八个方面①：

A. 普遍性：赫伊津哈认为"人类社会的重要原创活动从一开始就全部渗透着游戏"，甚至在"文化本身存在之前，游戏就已经是重要存在"。显然，从进化论的角度看，赫伊津哈认为游戏的这种普遍性存在可以追溯到人类的史前时代。

B. 意义性：赫伊津哈认为游戏不只是生物的本能，但也无须过度诠释为思想或意志，其中有"某种超越生命直接需求并赋予行动意义的东西'在活动'（at play）"，"一切游戏都有某种意义"，具有某种"非物质特征"的"有深意的（significant）功能"。

C. 自愿性或自由性：赫伊津哈指出，"一切游戏都是一种自愿的活动，遵照命令的游戏已不再是游戏，它至多是对游戏的强制性模仿；单凭这种自愿的性质，游戏便使自己从自然过程的轨道中脱颖而出"。

D. 虚拟性与非实利性：在赫伊津哈看来，游戏不是现实活动，而是对现实生活的某种模拟和扮演；"游戏与日常生活不同，游戏的诡秘性质，最为生动地体现在'乔装打扮'中"，在这里，"游戏的'超日常'性质表现得淋漓尽致"，"乔装或戴面具的个人'扮演'另外的角色、另外的存在物，乔装者就是这个另外的存在物"，因此可以说，角色扮演是人们参与游戏的一种必然形式。

E. 封闭性：指的是游戏在时空范围和活动规则上是有限的，他认为"游戏是在某一时空限制内'演完（play out）'的"；"游戏在某一时刻开始，然后在某一时刻结束"，"比时间限制更为突出的是空间的限制，一切游戏都是在一块从物质上或观念上、或有意地或理所当然地预先划出的游戏场地中进行并保持其存在的"；"竞技场、牌桌、魔法圈、庙宇、舞台等等，在形式与功能上都是游戏场地，亦即被隔离、被围起、被腾空的禁地，其中通行着特殊的规则；所有这些场地都是日常生活之内的临时世

_____

① ［荷］约翰·赫伊津哈：《游戏的人：文化的游戏要素研究》，傅存良译，北京大学出版社 2014 年版，第 3—16 页。

界，是专门用来表演另一种行为的"；简单说，游戏是有边界的，特定的时空情境是游戏发生的必要条件。

F. 规则的绝对性：他认为"游戏的规则具有绝对约束力"，触犯规则或无视规则的游戏者就成了"搅局者"，他"褫夺了游戏的幻觉"，因此"必须被驱逐，因为他对游戏圈子的存活构成了威胁"，会导致游戏世界的崩溃。

G. 形式的可审美性：规则使得游戏有序，而"有序形式令游戏方方面面充满活力，并使得游戏趋向美"，而游戏蕴含的"这种审美因素或许和创造有序形式的冲动就是一回事"；而且，游戏还是一种"必不可少的心理转化过程，这种被生命现象和自然现象'附体'的激情，通过本能反应的提炼，仿佛成了诗意表达，俨然成了艺术"。

H. 娱乐性：最后也是最重要的，"玩游戏的乐趣（fun），令一切分析、一切逻辑解释束手无策"，虽然"作为概念，乐趣不能被归纳为任何别的心理范畴"，但"正是乐趣这一要素体现了游戏的本质"，一言以蔽之，真正的游戏必须好玩。

赫伊津哈对游戏特性的论述颇为精辟，既从哲学的层面剖析了游戏的本质特性，使得人们对这一特殊活动的认识得以和其他活动区别开来，又对较为具体的构成要素进行了探讨，从而使人们对游戏的研究不止停留在形而上的层面，而是使其从结构和组成要素上开始变得有迹可循，因此他的见解对后世研究者启发颇多。

人们玩游戏时，显然不会思考什么生命、文化、意义和审美等宏大命题，无非是单纯地喜欢游戏的自由、放松和乐趣。但人们会重视规则，因为规则在游戏中的这种绝对权威性维护了游戏世界中的自洽性和公平性，使游戏者至少在游戏创造的情境之中获得了同等的权利。规则是参与者共同认可或制定的，是游戏世界的"第一性原理"（the first principle），是保证游戏得以进行的必然手段。游戏的这种高度公平性、协调性、概括性、完备性和自洽性，使之在一定程度上具有某种感官、运动乃至逻辑形式上的可审美性，并且这种源自传统游戏或运动的审美特性，在电子游戏中的确以另一种艺术形态得到延续甚至发扬光大。

（2）其他研究者的观点

除赫伊津哈外，很多学者也对游戏特性作了多角度的探讨，分别涉及游戏的动机、方式、特性和过程，以及构成要素、运行机制和目标或结果等方面，表6—4汇总了一些较有代表性的观点。

表6—4 **游戏特性**

研究者	关于游戏特性的观点
阿莱西和托里普 （Alessi & Trollip）	（1）明确目标（2）规则（3）竞争条件 （4）挑战环境（5）安全性与娱乐性
卡洛斯 （Caillois）	（1）处于真实生活之外，无严重后果 （2）吸引游戏者，紧张刺激 （3）无物质利益和利润 （4）有自己的时空边界 （5）有固定的规则
鲁宾 （Ruben）	（1）游戏由内在的动机而非外在的要求所引发 （2）游戏者重视游戏的过程，而非游戏的目的 （3）游戏是探索的行为 （4）游戏具有非真实与假装的成分 （5）游戏没有外加的规则（不受游戏边界之外规则的约束） （6）游戏是主动参与的活动
张武升	（1）自主性（2）灵活性（3）多样性 （4）情境性（5）愉悦性（6）趣味性
张恬君	（1）出于自由意志因趣味而主动参与 （2）运用心智与肢体 （3）包含非真实性与角色扮演两项重要的因素 （4）有明确的规则，以规范游戏者的行为与决定游戏的进行方式 （5）透过实时互动的机制，游戏者必须在时间上与本身或与对手竞争或接受任务上的挑战 （6）在游戏结束时，有明确的游戏结果

2. 电子游戏

囿于时代背景和技术条件，赫伊津哈、皮亚杰等先哲的思考不可能涉及电子游戏，他们对游戏的研究无疑是基于传统人际游戏的。20世纪下半叶，随着社会的进步，游戏也随着其植根的土壤——文化和科技一道，日益演化出丰富多彩的表现形式，并不断进入更高层次的技术水平。电子游戏是游戏家族的一个重要分支，是游戏基于信息技术平台的一种特殊形式，发展至今可谓枝繁叶茂，演化出令人眼花缭乱的游戏类型，已经成了当今影响最广泛、内容最丰富、最受欢迎的游戏形式，而其背光的一面，游戏成瘾也正是出现于这样的时代背景之中。那么，当游戏的平台从现实世界迁移到数字世界时，游戏的特性又发生了什么变化呢？表6—5是对此类研究中较有代表性的观点的一个总结。

表6—5　　　　　　　　　　　　**电子游戏特性和要素**

研究者	电子游戏的特性和要素
普润斯盖	（1）规则（2）目标与目的（3）输出和反馈 （4）冲突、竞争、挑战和对抗（5）交互（6）讲述或故事
克拉克	（1）游戏结构的四个要素：故事、交互、规则和结果 （2）投入性三要素：情感的、智力的和精神运动的
科恩	（1）循环（2）变化（3）伦理①
梅隆和莱博	（1）个人动机：挑战、好奇、控制、幻想 （2）人际动机：合作、竞争、认同②
梅隆	（1）挑战：合适的难度 （2）好奇：新信息和非确定性输出 （3）控制：游戏的进行应基于游戏者的选择 （4）幻想：激发（游戏者的）兴趣，提升学习效率③

不难看出，电子游戏既继承了很多普通游戏所具有的特性，诸如规则、挑战和幻想等，同时又得益于技术的支持，演进出许多独具特色的变化，例如：感官刺激、题材丰富、艺术审美、交互性、适应性、叙事和循环等。可以想见，也正是此类特性的出现，使得电子游戏越发变得具有趣

---

① Coyne, R., "Mindless Repetition: Learning from Computer Games", *Design Studies*, Vol. 24, No. 3, 2003, pp. 199–212.

② Malone, T. W. & Lepper, M. R., "Making Learning Fun: A Taxonomy of Intrinsic Motivations for Learning", In: R. W. Snow, et al., eds., *Aptitude, Learning and Instruction III: Cognitive and Affective Process Analysis*, Hillsdale, NJ: Lawrence Erlbaum Associates, 1987, pp. 223–253.

③ Malone, T. W., "Toward a Theory of Intrinsically Motivating Instruction", *Cognitive Science*, Vol. 4, 1981, pp. 333–369.

味性，越发容易让游戏者愿意付出更多各种投入，甚至变得沉迷其中欲罢不能。克拉克（Clark）将电子游戏的特性及其所导致的游戏者的投入作了一个简要的概括（如图6—1），该观点似乎在一定程度上借鉴了美国教育心理学家布鲁姆（Bloom）关于教育目标的分类方法，反映了个体投入的心理和生理侧面。当然，游戏者对游戏的付出和投入从不同的角度来划分还可以分为时间、金钱和物质方面等。

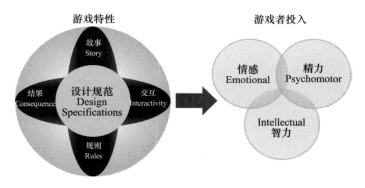

图6—1 游戏特性与游戏者投入

当然，也有研究者认为并非所有游戏都具有共同特性，本质也不尽相同。英国哲学家维特根斯坦（Wittgenstein）就曾指出，游戏无法被进行任何定义，游戏的集合是由具有家族类似性（family resemblance）的游戏组合而成，不同本质的游戏整合共同构成了被称为游戏的范畴。换句话说，似乎游戏就没有什么本质，是局部的相似性或有限的共同特征使我们将某些活动贴上了"游戏"这一共同的标签。

从微观层面，即游戏的构成与进行方式来看，这种观点不无道理。对于那些具体的，形态不同、载体迥异的游戏——例如对于电子游戏《极品飞车》（Need for Speed）和普通的拼图游戏（Jigsaw），或是最原始的"石头剪刀布"，我们的确难以全面而准确地说出它们具有哪些共同特性（大多数情况下这似乎也没有必要），但是如果以更为宏观的游戏性——即游戏中引人入胜的要素——作为设计诉求，则游戏特性的研究就显得至关重要，并变得有迹可循了，因此前人的这些关于游戏本质及特性的研究，在下文中将被作为构建游戏框架的一个重要理论基础。

二 社会活动理论

社会活动理论的思想源头可以追溯到德国古典哲学和马克思辩证唯物主义，是社会历史学派创立者、苏联心理学家维果茨基（Vygotsky）的思想理论之应用和发展的一个重要分支，维果茨基的学生列昂捷夫（Leontyev）等人对其师的研究进行了整理、统合和发展，最终创立了社会活动理论。

社会活动理论的基本思想基于"人类心理过程的结构和发展源于由文化中介的、历史地发展的实践活动"这一核心假设，从社会性学习和发展的角度"强调活动最基本的特征是对象性，强调人的心理发展是在他完成某种活动过程中实现的，即人在活动过程中对社会历史文化经验的掌握，促进了人的发展"[①]，由此该理论有几个推论：

（1）人类活动发生于由人和物组成的社会大系统中，是人与社会、文化和物理环境之间的双向交互过程。

（2）人类的意识与活动是一个辩证统一体，有意识的学习和活动表现为相互影响和相互依靠。

（3）人类活动都处在一定的历史背景和发展过程之中，且分布在个体及人们的文化之中。

（4）文化工具是活动的中介。

他们进一步认为，任何一个社会活动系统都包括主体、工具、客体、劳动分工、共同体和规则六个互动要素，它们之间具有如图6—2所示的关系[②]。

---

① 郑太年：《从活动理论看学校学习》，《开放教育研究》2005年第1期，第5页。
② ［美］戴维·H.乔纳森主编：《学习环境的理论基础》，郑太年、任友群译，华东师范大学出版社2002年版，第91—93页。

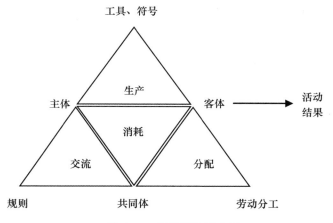

图6—2 活动理论概念图

美国教育技术学家乔纳森（Jonassen）等人在研究基于建构主义的学习环境时曾指出，作为一个描述性的工具而不是一个规定性的理论，活动理论可以作为一个理解全部人类工作和实践的"有益框架"①。游戏是一种人为设计的，发生于人类群体或电脑和网络虚拟情境之中的社会活动，因此社会活动理论作为一种进行社会文化分析的工具，无疑也适用于对游戏的探讨，而电子游戏虽然具有不同于传统时代人际游戏的表现和开展形式，但仍具有鲜明的社会性特征，因此可以将社会活动理论作为构建游戏框架的另一个重要理论基础。

三 游戏要素统合

作为一种社会文化分析的模式，乔纳森等人认为活动理论关注的不是知识状态，而是人们参与的活动、在活动中使用的工具的本质、活动中合作者的社会关系和情境化的关系、活动的目的和意图，以及活动的产出或结果。游戏是一种特殊的人类活动形式，或者说是人类现实世界的活动在某种虚拟化世界的延伸和模拟，其参与者、开展方式、进行过程和发生情

---

① Jonassen, D. & Rohrer, M. L., "Activity Theory as a Framework for Designing Constructivist Learning Environments", *ETR&D*, Vol. 47, No. 1, 1999, pp. 71–77.

境是真正受到关注的要素，而游戏本身的目的和结果——娱乐和体验——能否得到实现，也并非取决于某个单一因素的表现或状态，而是取决于前面几种因素的共同作用和互动的结果，因此在社会活动理论的框架内，对游戏的构成要素与运作方式进行解释与验证，无疑是一种合理而有效的途径。

如果以图6—2所示的社会活动中各要素的互动关系来考察一个典型的游戏（包括电子游戏）进行的基本方式或流程，可以发现，游戏者（现实世界中的主体）总是依托或控制着一定的游戏角色（虚拟世界中的主体），在一定的游戏情境（虚拟世界中的客体，由游戏平台提供的时空、工具和资源等）中，在某种规则（上述要素的相互关系或互动方式）的框架内，完成一定的任务。并且这种活动总是包含交流、分配、生产、消耗和结果输出等过程；而相比普通游戏，电子游戏的题材、故事性、情景性、趣味性、表征形式和开展方式又得到了极大发展，但任务仍然是承载这些要素的最基本单位。

这种游戏要素之间的互动可以由活动理论的层级结构图演变而来，如图6—3。

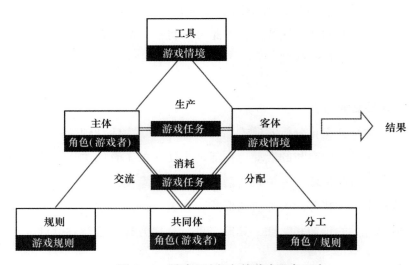

图6—3　活动理论视角的游戏要素互动

当然，相比其他人类社会活动而言，自由性无疑是游戏的一个重要特征；而交互性（包括控制、反馈、因素）则是电子游戏与生俱来的重要特性，因此可以认为，在活动理论的框架下聚焦游戏时，角色（Role）、情境（Situation）、规则（Rule）、任务（Task）、交互性（Interactivity）和自由（Freedom）是一组刻画电子游戏特性的要素，从游戏者的主体性视角和游戏自身的客体视角来看，它们具有如表6—6所示的意义。

表6—6　　　　　　　　　　　　　游戏要素的意义

视角	游戏要素	核心意义
游戏者主体性视角	角色	角色扮演是人们参与游戏的一种必然途径
	自由	自由是人们进行所有游戏的前提，即游戏者参加任何游戏都必须是自愿的
游戏的客观性视角	情境	基于特定的时空情境是进行游戏的必要条件
	规则	规则是各要素的相互关系或互动方式，其非随意性和强制性是保证游戏得以顺利进行、保证所有游戏者平等互动并获得最大的自由有力手段
	任务	任务是游戏的形式、内容和过程的基本载体
	交互性	信息技术的交互性特征保证了游戏者与游戏平台充分而有效的互动

　　与前文所述的其他游戏特性相比，表6—6所列的要素具有更高的互斥性和完备性，因而更能系统地反映游戏的全部特性。表6—7是用角色（R）、情境（S）、规则（R）、任务（T）、交互性（I）和自由（F）等要素在社会活动理论的视角下，对前文所述的各游戏理论所提出的要素进行的一种统合。

表6—7　　　　　　　　　　　　游戏多种要素观统合

统合要素 研究者	角色 R	情境 S	规则 R	任务 T	交互性 I	自由 F
赫伊津哈	虚拟性与非实利性	封闭性与虚拟性形式的可审美性	规则的绝对性	虚拟性与非实利性形式的可审美性	—	自愿性或自由性

续表

统合要素 研究者	角色 R	情境 S	规则 R	任务 T	交互性 I	自由 F
阿莱西和托里普	安全性	挑战环境	规则 竞争条件	明确目标 娱乐性	—	娱乐性
卡洛斯	无物质利益和利润	有自己的时空边界	有固定的规则	无物质利益和利润 吸引游戏者	—	处于真实生活之外，无严重后果
鲁宾等	游戏者重视游戏的过程而非结果 游戏具有非真实与假装的成分	—	游戏不是探索的行为 游戏没有外加的规则	游戏具有非真实与假装的成分	—	主动参与的活动 由内在的动机而非外在的要求所引发
张武升	—	情境性	—	灵活性、多样性、愉悦性、趣味性		自主性
张恬君	包含非真实性与角色扮演两项重要的因素	—	规则明确	运用心智与肢体 在时间上与本身或对手竞争或进行任务时的挑战	实时互动的机制	出于自由意志因趣味而主动参与
普润斯盖	—	讲述好故事	规则	目标与目的、冲突、竞争、挑战和对抗、讲述或故事	输出和反馈、交互	—
科恩	伦理	变化	—	变化	循环	—
梅隆和莱博	好奇、幻想、认同	—	合作、竞争	挑战	控制	—

第二节　RSTR 游戏表征元模型

自由性是游戏的天然属性，即玩游戏是出于自愿的；交互性则是信息技术平台的天然特性，显然也是电子游戏（所有以信息技术为平台进行的游戏）的天然属性，因此不将这二者作为构成游戏表征框架的要素仍然可以反映电子游戏的总体特性。于是，我们以角色（Role）、情境（Situation）、任务（Task）和规则（Rule）作为构建游戏表征框架的四个要素，取其首字母缩写，得到以下 RSTR 游戏表征元模型。

一 模型概述

RSTR 游戏表征元模型由角色（R）、情境（S）、任务（T）和规则（R）四个要素组成，它们之间互动关系的总和构成了游戏。由于"游戏的规则具有绝对约束力……一旦规则遭到破坏，整个游戏世界便会坍塌"①，其他一切要素的设计和变化都要服从于它，因此"规则"居于整个框架的核心地位；"任务"是向游戏者提供游戏活动的最小组成单位，是对现实社会活动的某种延伸和模仿，是游戏的形式、内容和过程的综合载体；"角色"和"情境"作为游戏开展的虚拟主客体，则是游戏的基础和依托，它们的关系如图 6—4 所示。

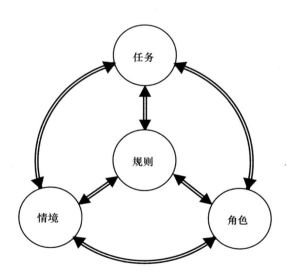

图6—4 RSTR 游戏框架元模型

---

① ［荷］约翰·赫伊津哈：《游戏的人：文化的游戏要素研究》，傅存良译，北京大学出版社 2014 年版，第 15 页。

此模型在游戏的解释层面是一个较为良好的框架，对游戏的本质意义、互动机制都能进行一些审视，在设计时则有可能发展出一些有价值的工具（本书后续将会逐渐展开），下文将在 RSTR 元模型的架构下对各要素的本质和功能进行进一步的剖析和梳理，并在此基础上对基于该模型的娱教游戏设计进行详细阐述。

二　模型含义解读

本质上说，游戏是对现实社会活动的某种模仿，因此所谓"规则、任务、情境和角色"，实际上是以游戏的方式或语言对现实世界的事物和规律进行的某种提炼、夸张、隐喻或诠释；另外，由于游戏在本质上是一种人为设计的事物，因此必然具有一定的功能指向性，因而在设计时上述要素不但模仿着现实生活的某些方面，在游戏架构中也具有了各自的特定功能，加上它们之间的相互作用（在图中以双向箭头表示）则构成了一个完整的游戏世界，并从整体上产生了游戏的各种功能。

（一）角色（Role）

1. 本质：社会性模拟与例化

角色是由社会文化塑造的，其表演是根据文化所规定的剧本进行的，正如《中国大百科全书》所指出的，角色是"在任何特定场合作为文化构成部分提供给行为者的一组规范"[①]。在社会学中，角色与身份、地位等概念有联系又明显不同，它是由一定的文化价值体系所决定的，是与人们的社会地位和身份相一致的，一整套权利义务的规范和行为模式。

人们通过角色而参与游戏，在电子游戏中，角色是由游戏者和 NPC（非玩家角色 Non Player Character 的首字母缩写，现在游戏中的 NPC 具有越来越强的人工智能）控制的执行游戏任务的最小独立行动单位，不但具有以上所述的社会角色的大部分特性，而且被进一步绝对化、典型化和具体化，因此游戏角色可以被看作是社会角色的一个特例或子集。在社会

---

①　中国大百科全书总编辑委员会《社会学》编辑委员会、中国大百科全书出版社编辑部编：《中国大百科全书·社会学卷》，中国大百科全书出版社 1991 年版，第 311、312 页。

中，角色是人们行为的依据，是社会交往的基础，特定文化下的人们对于某个既定角色总是有某种特定期望，如果某人的行为有别于其所扮演的角色"该有"的行事方式，社会就会视之为奇葩或异类。

　　游戏中的角色具有社会角色的特质，但又更具严格的限定性。角色是被游戏开发者预先设计的，具有特定的行为模式、规范、活动情境以及生命周期；游戏者本人的社会性角色让位于游戏角色，无论其真实的社会地位、个人特性如何，游戏者必须服从其扮演的角色身份，与游戏或其他游戏者的互动都是通过角色进行的，其个性的张扬和意见的表达都必须在游戏角色的框架内进行。换句话说，游戏者在游戏中的任何行为都不可能超出自己所扮演的角色所具有的特性和功能，否则游戏将无法进行。

　　另外，游戏角色还承载着设计者和玩家对于生命的某种思考。一方面，游戏可以通过对角色生命次数的无穷大赋值使玩家"长生不死"，然而完全的"永生"显然会降低角色生命的价值感和游戏的紧张与刺激程度，使游戏变得索然无味；另一方面，过于"脆弱"和"短暂"的生命所带来的压力和增加的难度也会使玩家望而却步，虽然相对而言这在客观上增加了角色生命的价值。因此，在生命的质和量中寻求平衡是游戏设计者不能回避的问题之一。当然，相对于真实活动或任务，这种虚拟化的角色扮演方式也使游戏者在得到足够的体验时，其给予（受到）外部的影响降到最低的限度。

　　在一定程度上，电子游戏中以角色为基本要素的这种设计方式正好和计算机程序设计中的面向对象（Object）方法不谋而合，在程序设计中，"对象"由特定的属性、状态、行为和功能等要素构成，当不同对象之间交互或通信时，它们会通过预定的合法途径来接受对方的影响而调整上述要素的参数，进而影响其他对象和总体进程。可以预见，随着人工智能和多媒体技术的进步，非游戏者控制的角色NPC将越来越"像人"，既符合特定游戏规范的行为模式，又增加更多的复杂性、未知感和开放性，给玩家带来更加真实沉浸的体验感。因此，角色可以被看作是联结游戏的社会性、游戏性和技术性的桥梁和纽带。

2. 功能：提供导演（决策者）和受众的体验

数字技术尤其是人工智能带来的交互性和开放性使得游戏者自由参与叙事成为可能。哈登（Haddon）在其《电子和电脑游戏：一种交互式媒体的历史》一文中指出，游戏一旦有了足够的复杂度，就会拥有叙事的能力，而一旦游戏拥有了叙事的能力，就会演变为一种新的媒体形式[①]，进而使电子游戏能够创造更复杂的世界，容纳更丰富的文化，并使其不断向小说和电影靠拢，甚至超越它们。

不难设想，随着技术的发展，游戏的叙事空间将日益广阔，游戏者也将获得越来越大的自由度，不同玩家都可以主动探索，精心策划并自由决断，自己设计和推动故事的发展。此时，游戏者实际上扮演着多重性的角色，既是游戏叙事的制造者——导演和演员，又是叙事的受众——观众；在这一开放和交互的过程中，玩家所获得的体验也是多样多重的，既有掌控也会失控，既有注定也能创造，可能性和自己的投入极大相关，不同人玩出不同的花样，品尝不同的滋味，而这也正是交互式电子游戏不同于小说、广播、戏剧和影视等传统媒体，能产生更多代入感和持久黏性的一大魅力所在。

（二）情境（Situation）

1. 本质：虚拟的体验时空

对虚拟环境和体验的研究至少可以追溯到 1989 年，美国的一些研究者总结了这种虚拟时空的一些特征，比较有代表性的观点大致有以下几方面：

（1）虚拟环境就是用计算机技术生成一个逼真的三维视觉、听觉、触觉或嗅觉等多感觉世界，让用户可以从自己的视点出发，利用自然的技能和某些设备对这一生成的虚拟世界客体进行浏览和交互考察。

（2）虚拟环境的目标是使用户获得某种真实的感受，这可以用多种方

---

① Haddon, L., "Electronic and Computer Games: The History of an Interactive Medium", *Screen*, Vol. 29, No. 2, 1988, pp. 52-73.

式实现，因此其重心应放在主观体验而非客观技术。虽然信息技术是最重要的手段，但用户是否愿意放弃他们的不信任感，或是否愿意相信他们在虚拟空间内所做的事，最终的决定权掌握在自己手里。

（3）虚拟环境是一个可与主体产生互动的模拟空间，这种互动已经脱离了纯粹的生理刺激层面，而更多地上升到了心理内省层面，其精髓是一种精神上的体验，即让用户相信"他（她）在那儿，他（她）不是旁观者而是参与者"，这种现场感和参与感可以通过但并不必须以"逼真的三维视觉、听觉、触觉或嗅觉"等感官刺激获得，也可以通过精心的设计，激发和借由用户脑海中的想象力得到体现。

（4）虚拟环境的构成具有三个要素：真实度、可感测的环境和个体控制，其中，真实度应该同时包含主观与客观的成分在内，可以通过多种途径实现，并不一定要通过浸入式的、多重感官刺激的经验。

一般而言，情境包括人际氛围、物理情境和当前的背景事件①，指的是能对人产生影响的全部客观环境因素，同时含有时间和空间两个维度。在上述模型中则特指游戏营造的虚拟环境，是具有自身特定的构成和演化规则的虚拟时空，它提供了游戏进行的全部场所，并限制和影响着角色的行为。无论对于传统游戏还是电子游戏来说，技术对于虚拟时空环境的营造都至关重要，但是注重游戏者的心理体验及其产生的自然而然的意义感才是情境设计的重点和本质所在。

总的来说，情境为游戏的展开提供了某种有着自己特定演化规则的虚拟时空，游戏者则通过自己控制的角色与虚拟情境和其他玩家进行互动，这种互动可以是感官上的，也可以是心理上的，其目的是使游戏者获得一种具有现场感与参与感的真实情感体验。

2. 功能：提供时空与资源

游戏有着自己独特的时空观，这种时空和真实时空既有联系，又有区别。

---

① Choi, J. & Hannafin, M., "Situated Cognition and Learning Environments: Roles, Structures, and Implications for Design", *ETR&D*, Vol. 43, No. 2, 1995, p. 54.

（1）时间。有的游戏中，除游戏暂停或参数设置外，时间的流逝可能和真实时间一致，以此创造一种实时的、紧张的氛围，使游戏者获得一种真实的临场感。例如：在美国电子艺界公司（Electronic Arts）出品的《极品飞车》（Need for Speed）系列赛车游戏中，和真实比赛一样，决定成绩的时间甚至可能精确到百分之一秒。而在另外一些游戏中，对时间并没有严格限制，或是游戏时间和真实时间并不一致，有可能被分割成一些"时间碎片"，这些"碎片"根据游戏者的决策行为或长或短，甚至可能随着游戏者某种暂停或重复的操作被无限地放大。例如：在很多讲究策略应用的游戏中——例如：在经典的《三国演义》《大航海时代》《王者荣耀》和《塞尔达传说》等游戏中，过关时间通常是没有限制的。

（2）空间。游戏中的空间（或场景）有些是对真实空间的某种模拟、概括或夸张，它往往摒弃了不相干的细枝末节，而将有助于任务进行和角色活动的部分尽量真实或夸张地呈现，如《红色警戒》《帝国时代》和《主题医院》系列游戏中的基地、农场、战场、医院、诊室等；传统游戏中，女孩们钟情的"过家家"中的"家"也是一个典型例证；而另一些游戏则是创建了一种现实中不存在的情境，如《扫雷》《俄罗斯方块》《坦克大战》《超级马里奥》和《王者荣耀》之类。

（3）资源。情境不但包括游戏进行的时空，而且提供了有助于任务进行的另一要素——资源。需要指出的是，无论在Worlds[①] 或 WCG[②] 电子竞技类电视节目的解说或是在与游戏相关的文献探讨中，"道具"和"资源"都是经常使用的基本词汇，而它们也的确出现在很多具体的游戏案例中。不严格地说，在游戏的语境中，道具一般是指可以被角色随身携带的某种虚拟物品，可能会被消耗，也可能不会。例如：现在流行的自由探索类游

① Worlds 是"英雄联盟全球总决赛"（League of Legends World Championship）的简称，是所有"英雄联盟"赛事中最为顶尖的比赛，从 2011 年到 2024 年已举办 14 届。

② WCG 是"世界电子竞技大赛"（World Cyber Games）的缩写，是一个以运动会形式筹办的全球范围的电子运动会。2001 年首次开赛，目前比赛项目有：《反恐精英》《FIFA》《魔兽争霸》和《街头篮球》等。

戏《塞尔达传说》《我的世界》和曾风靡一时的策略类游戏《三国志英杰传》和 RPG 游戏《仙剑奇侠传》中的各种赋予或改变角色能力的"装备"就具有这种特征；而资源一般不被角色随身携带，但受控于游戏者，并且通常会被消耗，如《超级马里奥》中的"长大蘑菇"，《坦克大战》中的"钢甲"，《魔法门之英雄无敌》和《帝国时代》中的各种矿产。但道具和资源的具体含义和称谓在不同的游戏中并不统一，经常不被严格区分，而是交叉或互通。

从较为原始的意义上来说，道具其实也是一种资源，因此本研究用"资源"一词对二者进行统合，并规定所谓资源是指对某种真实资源的仿真，能被角色操作、利用或改变（一般来说，资源在电子游戏中并不具备独立行动能力和人工智能，以便与 NPC 相区别）。一方面，资源具有特定功能性，是任务开展的必需品，另一方面，资源应该具有一定稀缺性，或者说不那么容易获得，而且还会不断被消耗甚至被竞争。例如以美国暴雪公司的《魔兽世界》和微软公司的《帝国时代》为代表的，即时战略类游戏中的"能源"就典型地具有这种特征，这实际上是对真实世界中的资源与人类社会中的"价值感、多样性与稀缺性"关系的一种提炼与模仿，正是由于具备了类似真实资源的这种实用性与不确定性，游戏才因此变得更加紧张、真实而有趣。

（三）任务（Task）

1. 本质：真实活动的模拟

一般来说，任务（Task）是一个比较笼统的词汇，是某项为自己或他人解决某个问题而开展的有偿或无偿的活动，或者说是人们在工作或娱乐时做的各种有一定目的的事情。无疑，任务首先是一种活动，必定具有活动具有的一切特征，但将这个较为笼统的概念具体运用于设计支持心流体验的系统时，这样的定义未免过于宽泛，因此还必须找出任务区别于其他活动的本质。

英国学者坎德林（Candlin）认为，任务是"一组涉及学习者的认知和交际过程，以集体的形式对已知和新信息进行探究，在社会情境中完成某一预期或临时目标的、可区别的、相互关联的问题指向型活动"①。而在关于学习环境的研究和实践中，任务则是在镶嵌学习目标和学习内容的情境中进行的接近现实生活中的各种活动；是完成有意义的活动，而不是形式上的操练；任务必须是解决某个实际问题；学习者应当通过"做事情"来完成任务；任务绩效的评定既看结果更看过程②；因此任务是一种要求学习者理解、操纵、产出和交互的学习活动，强调任务在于教学与现实意义的连接，任务型教学的意义则在于"通过任务使语言系统与语境联系起来，把教学的重心从形式转移到意义上来"③。

不难看出，上述关于任务的概念实际上是在教学情境中对普通意义上的任务的一种特定提炼与模拟。和教学一样，游戏的进行通常以任务为单位展开，作为一种人为设计的环境，其中的任务（俗称"关卡"）同样具有这种特征，且这种任务也是对真实世界任务的一种模拟，是以游戏特有的语言对现实活动和事物进行的一种诠释。只不过由于游戏具有明确、典型和夸张的"角色""情境"等虚拟性特征，和真实世界中的任务相比，游戏任务的内容和形式往往更加具有挑战、刺激、浓缩和结构化等鲜明特征。所谓结构化是指，游戏任务的各项要素和关系规定得很清晰，比如：任务的种类、数量，完成任务的要求、条件、方式和完成后的评价都很清晰。总的来说，其基本程式可以概括为：游戏者扮演一定的角色，在特定的情境中以一定规则，完成一系列包含特定目标和一系列挑战的任务，在此过程中（或后），游戏系统对游戏者完成任务的质量进行某种方式的评估，并以特定方式告知游戏者，而游戏者的各种体验也正是在执行任务，以及其后获得的反馈与评价的过程中获得的。

① Candlin, C. N., "Towards Task-Based Language Learning", *Language Learning Tasks*, London: Prentice-Hall International, 1987, pp. 5–22.

② 钟志贤：《面向知识时代的教学设计框架——促进学习者发展》，中国社会科学出版社2006年版，第98页。

③ 覃修桂、齐振海：《任务及任务教学法的再认识》，《外语教学》2004年第3期，第6页。

2. 功能：提供目标、内容与过程

英国学者鲁迪（Ruddy）认为，学习环境中的任务至少具有三个突出的特征：（1）具体的目标或结果；（2）一定的输入材料；（3）一个或以上的相关活动或程序[①]。

我国学者钟志贤则认为学习任务的主要特征是：情境性（体验的真实性）和活动性[②]。

有研究者更详尽地归纳了学习任务的六个要素：（1）目标；（2）内容；（3）程序；（4）输入材料；（5）教师和学习者的角色；（6）情境[③]。

以上要素中，目标、内容、材料和程序在游戏中是浑然一体的，一定的内容和材料总是伴随着特定的游戏过程，并提供某种具有特定目标的动态体验过程，而角色和情境其实是与任务相关的执行主体和客观环境，上文已论证它们应单列为游戏的两大要素。因此最终可以这样定义游戏任务：它是游戏的形式、内容和过程的基本载体，为游戏的进行提供具体的目标、内容（材料）和过程。

（四）规则（Rule）

1. 本质：虚拟世界的法则和关系

规则是游戏世界的至高无上的法则（Law），具有真实世界中的自然法则和社会契约的双重含义。

就自然法则方面而言，如同真实世界中的牛顿定律所表征的力的性质（无论人们承认与否）决定了宏观物质的基本运行规律，游戏规则一经确定就规定了这一虚拟世界的基本属性和规律——什么会出现在游戏中及其如何发展。换句话说，出现在游戏中的任何元素都必须是符合规则的，否则就将破坏游戏世界。就社会契约方面而言，社会组织或共同

① Ruddy, R., "Key Conception in ELT-Task", *ELT Journal*, Vol. 52, No. 3, 1998, pp. 264–265.

② 钟志贤：《面向知识时代的教学设计框架——促进学习者发展》，中国社会科学出版社2006年版，第125页。

③ 贾志高：《有关任务型教学法的几个核心问题的探讨》，《课程·教材·教法》2005年第1期，第5页。

体总是对其成员的行为具有某种默认或期望，这些共同看法以成文（外显）或者不成文（内隐）的方式形成了一系列的规范和界限，决定着该组织或共同体的社会性秩序；同时传达给共同体成员一套行为准则，在本社会和组织活动中，起着规范、指导、修正或约束其成员为人处世方式的作用。

　　游戏的规则是人为设计的，理论上说，只要全体参与者同意，在游戏的世界中什么规则都是可以的，然而真正合理的规则却应该是参与者机会平等和利于角色功能发挥的，人们之所以喜欢游戏，一方面固然是由于游戏与生俱来的娱乐性，另一方面却也是因为游戏规则的绝对公平性。之所以说这种"公平"具有绝对性特征有两个原因：一是任何人在选择所扮演的游戏角色时必须是机会均等或者自愿的；二是所有（玩家掌控的）角色的优势和弱点相辅相成，总体处于平衡状态。换句话说，任何一个角色在游戏空间中总是和一定的权力（power）与权利（rights）捆绑在一起的，总是具有某种特长和短板，即任何人扮演某个角色必然具有特定的力量和优势，又有某种弱点和限制，二者缺一，游戏将变味甚至无法进行。

　　比如中国民间传统的"行酒令"游戏，《红楼梦》第四十回《史太君两宴大观园，金鸳鸯三宣牙牌令》中，贾母的丫鬟鸳鸯在酒席中执掌牙牌令，宣布游戏规则时所谓"酒令大如军令，不论尊卑，唯我（行令人）是主"，一旦参与游戏，无论现实世界中的身份如何，在规则面前都须人人平等，即便是荣国府的主宰贾母也必须认可这个原则，在游戏中也要听从鸳鸯的指令，否则游戏就无法进行。可见规则具有绝对约束力，它以某种可见或不可见的方式维护着游戏世界的秩序，对游戏者个体来说，这种约束力使得游戏的进行在操作上不是完全自由的，但也正是这种具体规则的不自由性，保证了全体游戏参与者真正的精神层面的自由。

　　概括而言，游戏规则是各游戏要素的一种动态关系和互动方式，是在游戏的框架内，约束游戏者行为，保证游戏的公平性，维护游戏秩序，使博弈得以合理开展顺利进行的一套规范和准则。

　　规则是游戏的灵魂和法律，在游戏中无处不在，虽然一般来说对游戏者并不可见，但却完全渗透于角色、情境和任务之中，指导着它们的构成和运作；角色、情境和任务的一切特性和功能都体现着和受制于规则，可以说，对此三者进行的设计无不涉及对规则的设计。

2. 功能：提供标准和保障

规则在游戏中所发挥的功能和其本质密不可分，具体来说，游戏规则一方面为游戏者的胜负、得失和所取得的成就提供评价的直接标准，是游戏的合理性和公平性的前提；另一方面又自动为这种标准提供保障，产生对所有游戏者及其操作行为的内在约束力。对于传统游戏来说，规则的维护由所有玩家共同参与；而对电子游戏来说，任何人只要选择玩某个电子游戏就在实际上承认了游戏规则，并会自动被其约束，一切违反规则的操作都是不被允许的，换句话说，又要玩某个游戏而又不想遵守其规则是不可能的。

（五）游戏模型要素小结

综上所述，RSTR 元模型中各要素及其互动过程较为完备地体现了游戏的本质和特性，反映了游戏展开的典型模式，为这种特殊的社会性活动过程提供了一个较为全面而合理的解释框架：

在某种规则的约束下，游戏者控制（或扮演）一定的角色，在某种虚拟情境中，经历一系列操练、探索或问题解决的过程，以期最终完成游戏预设的目标。

三　模型功能分析

（一）概述

如前所述，游戏各要素有自己的特定功能，它们之间的交互作用实现了游戏的一个整体性的功能集合，正是这些功能集合的共同作用，使得游戏产生了有趣、刺激、挑战和悬念等各种引人入胜的效果，这些因素和游戏者的进一步相互作用，则可能实现有利于获得心流体验的人机（际）交互系统的若干元功能。下文将在分析游戏的这种整体性功能集合的基础上，建立其与心流体验支持系统元功能之间的映射。

　　游戏的这种功能集合总的来说可以概括为三个大类：问题空间、执行空间和评价空间。在此，我们以"空间"一词为隐喻，指特定游戏情境所具有或能够提供的一系列的功能集合，以及实现这些功能所需的一系列相关工具和资源的总和。游戏各要素和功能空间的相互关系如图6—5 所示。

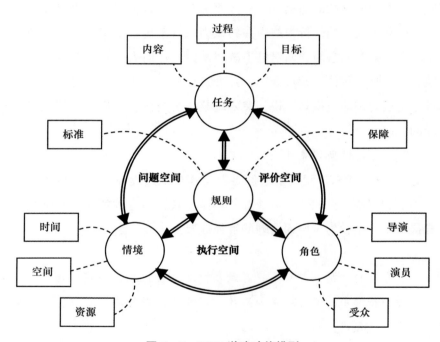

图6—5　RSTR 游戏功能模型

（二）功能空间分析

　　游戏角色、情境、任务和规则等要素和问题、执行和评价空间的互动关系（或者说，角色、情境、任务和规则等要素如何实现问题产生、决策执行和效果评价这三大功能集合）可归纳为如下三点：

　　（1）问题空间是在游戏规则的框架内对任务的情境化布置与呈现；

　　（2）执行空间是角色执行任务时所依托的具有特定操作方式和资源的

情境化平台；

（3）评价空间则为角色执行任务的情况提供一种动态的，过程性和（或）总结性评价。

显而易见，所谓三个"功能空间"只是为了方便对游戏的诸多功能特性进行较为结构化的表述和分析而采取的一种近似的逻辑分类，在游戏的实际设计和操作中它们之间可能并无严格的分野，各功能空间的特性和设计目标也可能相互渗透或重叠。例如：问题空间的设计目标往往是游戏最基本、也是最重要的设计目标，并常常同时存在于其他功能空间中，只不过各功能空间各自的侧重点不同罢了。

总的来说，各种游戏虽然千差万别，但在设计时都有一个共同的出发点——使游戏变得尽量真实而有趣，并提供一种良好的操作和评价方式，以使游戏者能专心于斯而获得某种体验。下文将以问题空间为重点，对各功能空间的特征和实现要素进行较为具体的分析。

1．问题空间

游戏是通过任务展开的，不同的任务实际上就向游戏者呈现了千差万别的问题和解决方式，游戏者执行任务就是不断解决问题的过程，而游戏者的体验和相应能力的获得也就蕴含在这一过程中，所以游戏所呈现的问题是否具有足够的吸引力，就成为游戏者是否愿意进行这个游戏最基本的前提。在问题空间吸引力的营造中，拟真和趣味性是最重要的审美元素和功能特征，也是整个游戏设计的核心目标之一。

第一，问题空间的功能特征主要包括拟真和趣味性。总的来说，二者之间既有联系又有区别，优秀的拟真可能本身就具有高度的趣味性，而趣味性的营造不见得非要进行某种拟真，因此在它们的具体实现方式上显然还是有所区别。在某种层面上，游戏世界往往是对现实世界的一种模拟，这种模拟可以是对真实事物的外观、形态的某种程度的还原，也可以是力图在游戏中再现真实世界所遵循的某种逻辑和规律，因此游戏中的拟真可以从两个维度来描述：

A. 形式与感官拟真：这类拟真关注的是对人们感官上的刺激，力求对所模拟事物的外观或形式进行媒介层面，尤其是视觉和听觉的真实还原，其目标是使游戏者获得一种身临其境的体验。现实世界中的某些活动往往由于游戏者个人条件的限制，无法随时开展。例如：赛车运动既受限于经济、法律、时间和场地等条件，也受个人技术及安全等因素的制约，普通人难以随时参加，因此设计这类游戏时会对活动开展方式和情境建构进行最大限度地逼真模拟和还原，这样游戏者就可以在一定程度上便捷地体验这些刺激的活动。偏重这类拟真的游戏案例很多，较为著名和经典的有：《极品飞车》《国际足球联盟》等竞技和《反恐精英》《战争雷霆》等军事题材类游戏。

B. 内容与逻辑拟真：这类拟真关注的重点在于对现实社会中的逻辑、伦理、人类心理或社会规则的展现、刻画或诠释，其目标是争取使游戏者对所描述的问题、情境和故事产生心理上的认同感或共鸣，进而获得某种情感或价值观方面的体验。人类社会整体的生产和生活经验可谓丰富多彩，但作为独立的个体，任何人都不可能完全经历，而游戏却可以通过这种内容与逻辑拟真，在一种浓缩、典型而安全的时空里，提供尽可能丰富而真实的体验。偏重这类拟真的游戏可能是数量最多的，较为著名和经典的有：《主题医院》《模拟城市》《仙剑奇侠传》《大航海》《三国演义》《塞尔达传说》《我的世界》和《王者荣耀》等系列游戏。

实际情况是，在很多游戏中这两类拟真往往同时存在并难分彼此。比如传统游戏中男孩子酷爱的"打战"游戏和女孩子偏爱的"过家家"游戏就都同时含有两种成分；电子游戏中最典型的是诸如《红色警戒》和《帝国时代》一类的战略经营类游戏，既注重感官层面的氛围营造，又注重逻辑层面的细节刻画。

拟真为游戏的趣味性奠定了重要的基础，由于其侧重点的不同，自然而然形成了丰富多彩的游戏类型，但是很多著名的小游戏拟真的色彩并不浓重，甚至在现实世界中难以找到真实的原型（例如 Windows 小游戏《扫雷》、风靡一时的《俄罗斯方块》《祖玛》和《消消乐》等），但却仍然营造了一种生动有趣、简洁明快，能激发游戏者的好奇心、进取心、控制欲和求知欲的氛围。

不言而喻，趣味性对于游戏来说至关重要，然而对于某个特定的游戏和不同的游戏者来说，趣味性却并非某种恒定不变的属性，同时受限于认知水平和文化熏陶。例如一个低年级的学生可能对"石头剪刀布"和"三维弹球"一类的小游戏颇感兴趣，但一个高中生却可能对之嗤之以鼻，而被《围棋》和《帝国时代》等较为复杂的策略游戏深深吸引；又如东亚地区的游戏爱好者往往对《三国演义》系列的游戏津津乐道，而其他文化背景的玩家却可能对此类叙事题材无动于衷；女性玩家往往对《明星志愿》和《旅行的青蛙》一类温情脉脉的养成游戏情有独钟，而男性玩家常常更偏爱充满战斗气息或复杂博弈的游戏。可见趣味性并非某种单纯的固有游戏特性，它更是游戏者在互动时被激发出或感受到的一种心理状态，其表现和效果会随用户的不同年龄、性别特征和文化背景而有所差异。

因此不同于拟真较为严格的现实模仿，趣味性的营造显得非常灵活，各种戏剧性的、写实性的手法，幽默的、夸张的、艳丽的、可爱的、神秘的、冷酷的，甚至恐怖的媒介风格都可不拘一格地为设计者所用。当然，游戏设计者并不会在一个真实的游戏案例中有意地去区分什么是拟真，什么是趣味性，而是根据游戏目标和用户群体的特点，凭经验和直觉综合地运用各种手段和形式来实现上述两种功能，以使游戏者获得真实或愉悦的体验。

第二，问题的表现方式。在现实世界中，人们碰到的问题和情境可谓五花八门，因而营造问题空间的手法必然灵活多变，但无论用何种方式，其总目标都是既要真实地模拟它们，又要尽量使之变得有趣，这种模拟至少可以（应该具有而不限于）用表 6—8 所列的这些方式来实现：

表6—8 问题空间及其实现要素

功能空间	实现要素
问题空间	紧张、复杂、无序、突发、短缺、冲突、风险、混沌、危机、困境、反差、对抗、竞争、合作、希望…… 未知、残缺、神秘、费解、玄幻、谜团、夸张、反常、恐怖、叙事性、戏剧性、偶然性、幽默感、扑朔迷离……

2. 执行空间

应该指出的是，为使游戏者获得真实而愉悦的体验，不只是问题空间需要拟真和趣味性，执行空间和评价空间同样需要，并且其表现手法和实现方式必须是协调一致的，但由于各空间实现的功能有所不同，后面二者显然又具有各自的特征。

第一，执行空间的功能特征以决策为核心。无论何种类型的游戏，任务的执行最终都表现为游戏者在规则的框架内，以游戏系统提供的方式所进行的某种操作层面上的决策，换句话说，在游戏中操作即决策。

游戏决策既是被限定的，又是确定和自由的，对游戏所呈现的问题（游戏系统的输出），不管是用专用游戏机的操纵杆，还是计算机的鼠标和键盘，游戏者都是在这种限定空间中，以某种确定性和自主性的操作（输入）作为回应的。操作的确定性是指，玩家发出的所有操作总是属于某种被游戏设计者预先规定的指令集合的特定子集，无论这种操作对于解决当前问题是否有效，它一定是游戏系统可以识别并会做出某种反应的；自主性指的是玩家对这种操作的选择是具有弹性或一定自由性的。例如：在一个寻宝的 RPG 游戏中，行走的方式是被限定的，但路线和时机通常是可以选择的；在赛车类游戏中，油门、刹车和方向盘的操控也是基于一定的方式（例如用鼠标、键盘或方向盘，点一下变化某一个百分比），而又让玩家可以自由决定的。

值得指出的是，游戏中还经常存在某种辅助性操作，这种操作虽然符合上述限定、确定和自由性特征，但如果这种操作没有其他操作的配合就对问题的解决没有决定性意义，或者说对任务的执行没有帮助，那么它就只能算是一种提示或辅助的操作而非决策。因此，如果某种操作对当前问题的解决产生了某种实质性影响（当然，影响可能是正面的也可能是负面的），进而对任务的进程有所影响，这种操作才能被称为决策，它显然包含着游戏者对该问题的某种看法、判断或下意识的反应。例如：在玩 Windows 自带的《扫雷》（Minesweeper）游戏时，用鼠标右键标注"红旗"只是一种辅助操作而非决策，点击左键进行实质性的"翻雷"才是决策；在射击类游戏中，瞄准是一种辅助操作，扣动扳机才是决策；又如在《仙剑奇侠传》一类的 RPG 游戏中，如果在某个没有时间限制的任务中，只是让所控制的角色走来走去而不进行任何"打怪"或路线选择等操作，抑或只是翻看自己的"装备库"但并不装配任何道具，则不会对任务进程产生任何影响，实际上也就并未进行任何决策。

可见，执行空间通过向游戏者提供某种决策的平台和方式，和问题空间及评价空间相配合，对游戏问题（挑战）的难度和游戏者相应的决策能力（技能）的关系做出了某种或明或暗的动态调整。

第二，决策的表现方式。游戏中的决策方式和现实世界中的虽然有所不同，但只要是游戏者在专心地玩游戏，则其决策也必然是认真的，因而二者获得的体验或心理过程是类似或大同小异的，或者说，现实决策所需要的认知、思考等方面的过程在游戏决策中也同样会经历，正因为如此，无论是现在的电子游戏，或是传统的下棋、打扑克、行酒令或者捉迷藏、老鹰捉小鸡之类的游戏都会使人沉浸其中。

表6—9汇总了为支持决策过程的真实性和有效性，教育游戏的执行空间应该具有而不限于的、能使游戏者调动其在真实决策中所需要的认知、思维和行为方面的若干要素：

表6—9　　　　　　　　　　执行空间及其实现要素

功能空间	实现要素
执行空间	观察、识记、标示、理解、比较、应用、分析、猜测、选择、权衡、判断、控制、评估、反思

3. 评价空间

第一，游戏的评价功能特征包括外显绩效和内隐技能，过程性与终结性并重。无论在工作、生活还是学习中，人们在真实世界完成各种任务后都必然会有某种相应的或显性或隐性的评价，比如学习成绩是一种显性评价，所谓"人品"则可能是一种隐性评价。游戏的评价功能是对现实世界评价的一种模仿，大多数情况是一种外显的绩效评价，但电子游戏又对其形式和内容有所延伸和扩展，增加了内隐技能评价。另外，从评价时机来说，游戏的评价常常是过程性和终结性相结合的，既可以在游戏进行过程中就对玩家的绩效给予适时动态的展现，比如《超级玛丽》中主角"吃蘑菇"可以长大是一种正向绩效，各种 RPG 中主角"经验值"的增长又可以在任务告一段落或最终结束时给予评定，比如给出本局分数和等级，等等。可以说，这些精准、多元、有趣、灵活的评价方式浑然天成地整合起来并自然而然地同步展开，为游戏增加了更多引人入胜的独特魅力。

对活动者的绩效进行评价是现实活动的主要评价方式，这种方式往往是可见而形式化的，例如：考试得分、电商交易后的等级或文字评价以及工作中相应的奖惩措施等。在电子游戏中类似的评价方式仍然存在，例如：给任务打分、给游戏者定级别以及相应的虚拟奖惩措施等，并且这些方式无论是用何种媒介形式、何种时机进行表达，显然都应该是游戏者能够感知的，因而也是激励游戏者的主要手段。

除此之外游戏中还有一种虽不以显性的分数或等级直接表征绩效，但却至关重要的特殊评价方式，这种内隐的评价主要针对游戏者的技能进行，其基本方式是：游戏通过某种手段（例如：根据任务的完成时间或质量）实时地监测游戏者技能的发展情况，并根据技能的这种变化对后续任务的难度、内容或数量及时做出相应的调整。比如玩家如果在当前任务中技能娴熟、表现优秀，后面的任务难度则会适当增加，这种评价方式往往以一种潜在的方式进行，并不直接对游戏者的技能做出显性的评价，因此一般不表征为可以直接看见的绩效，但对游戏者心理所产生的潜移默化的吸引力却是外显评价所不能替代的。

这种根据对参与者的适时技能评价所产生的对任务的及时、自动、适应性的调整，是大多数现实性活动所难以媲美的。与外显的绩效评价相配合，具备这种内隐评价方式的游戏显然更能与游戏者的成长相适应，激发其兴趣而产生持续魅力。这也正是电子游戏虽不是具有某种真实后果的活动，却仍然能够以充满挑战、冒险、趣味性和创造性的方式支持其使用者获得心流体验的一个重要原因。可以说，无论以何种方式为平台，在教育游戏等娱教项目的设计中都要充分考虑这种内隐评价方式。

第二，评价的表现方式。为了同时实现上述两种内隐和外显的评价方式，教育游戏的评价空间在实现时应尽量体现但不限于表6—10中列出的要素：

表6—10 评价空间及其实现要素

功能空间	实现要素
评价空间	奖励、惩罚、动态、量化、适当、及时、准确、公平、适应性、过程性、终结性……

4. 功能空间的互动关系

美国学者盖里斯（Garris）等人在研究游戏与学习动机时，考察了游戏特性以及学习发生的基本过程。他们认为，游戏化学习应与游戏特性相适应，并大致以如下过程进行：结合了游戏特性的教学内容作为不断产生的输入，和游戏者的判断与行为以及系统的反馈，构成一个"游戏循环圈"，并最终（以任务报告作为形式之一）产生了游戏循环的输出——学习结果[1]。

在笔者看来，在这一游戏化学习过程不只包含系统反馈和游戏者判断等过程，还包含了游戏与学习内容整合、学习者理解、评估和决策等

---

[1] Garris, R., et al., "Games, Motivation and Learning, Simulation and Gaming", *An Interdisciplinary Journal of Theory, Practice and Research*, Vol. 33, 2002, p. 4.

过程。综合盖里斯等人的研究，最终可以将游戏化学习循环圈表示为如图 6—6。

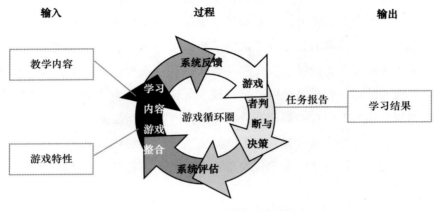

图 6— 6　游戏化学习循环圈

如果以这一循环过程来考察 RSTR 游戏模型的各功能空间，则不难看出，在它们之间的确存在这样一种互动关系：

（1）系统设置问题空间，即是在一定的游戏情景中布置学习任务；

（2）游戏者借助执行空间进行问题解决，即完成任务；

（3）在此过程中和结束后，评价空间对游戏者的操作和行为进行评价，即给出任务评价或游戏者绩效；

（4）重复上述过程。

至此我们可以认为，各功能空间之间形成了某种形式的互为输出和输入的信息代谢关系（如图 6— 7 所示），这种关系在游戏的宏观和微观层面同时存在，构成了无数的游戏过程循环圈，这也是游戏化学习环境中"问题—执行—评价"三大功能空间的基本互动形式。

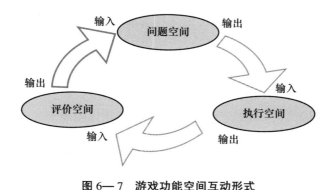

图6—7　游戏功能空间互动形式

第三节　游戏吸引力系统建模

一　系统映射

（一）映射的隐喻

映射（mapping）本是一个数学概念，指的是集合间的某种对应关系，即：一个集合中的每个元素与该集合（或另一集合）中的某个元素相对应的规则。本节所谓"映射"是借用此数学术语进行的一种隐喻，其含义是在"心流支持系统的元功能"集合与"游戏系统的功能空间"集合之间，寻找或创建某种可以互相解释和例化的对应关系。显然，这种关系只能是用自然语言或游戏语言进行的定性描述，而非由某种严格的数学函数进行的精确的定量描述。

（二）功能映射：从心流支持系统到游戏系统

如前所述，国内外很多研究都曾发现，人们在玩游戏时可能获得心流体验，有的研究者干脆将之称为"游戏流"（Game Flow）。上一章曾指出，某个能提供心流体验支持的人机（际）交互系统应具备十五个元功能，那么游戏系统自身的功能和这些元功能之间到底具有怎样的相互关系呢？前者又能否对后者给予足够支持，以使得玩家在游戏时可能获得心流体验？下文将对此进行详细考察。

前已论及，游戏系统中的角色（R）、情境（S）、任务（T）和规则（R）等要素本身所具有的功能可以概括为 11 个类型：

（1）目标、（2）内容、（3）过程、（4）时间、（5）空间、（6）资源、（7）导演、（8）演员、（9）受众、（10）标准，以及（11）保障。

这些功能的共同作用所产生的问题、执行和评价等游戏整体性功能的特征又可概括为五个方面：

（1）拟真、（2）趣味性、（3）以决策为核心、（4）内隐技能评价，以及（5）外显绩效评价。

因此，分析游戏系统能否对游戏者心流体验的获得提供有力的支持，关键在于考察这些功能空间如何具体实现上述十五个元功能，或者说，在"心流支持系统元功能"集合与"游戏系统功能空间"集合之间具有怎样的映射关系。

为了表述的方便和直观，不妨把这些元功能在游戏空间中的具体映射（即以游戏的形式对元功能的实现）称为"游戏心流支持系统功能"，并以图形的方式表示其关系（见图 6—8）：凡是上述两个集合的要素之间存在某种"解释"和"例化"的对应关系，则在图中以双向实心箭头表示，并在箭头上添加一个序号，方便分析和使用。

所谓解释，指的是前者可以从心理学的角度阐明游戏者在玩游戏时何以会获得心流体验，以向左的箭头←表示某个存在于"游戏系统功能空间"的要素，可以由"心流支持系统的元功能"中的一个具体要素进行相应解释的项目；而例化则反过来，是指游戏系统的各功能空间应如何具体实现这些心流支持系统元功能，以向右的箭头→表示。因为两个功能集合中的每一项都存在解释和例化关系，为使关系图清晰易读，这一双向关系最终合为带序号的双箭头← →。

图 6—8 呈现了这个映射系统的总体关系，接下来将对之进行逐项阐述。

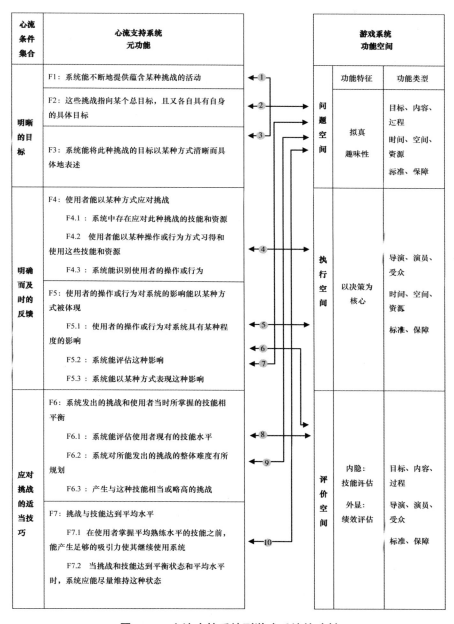

图6—8　心流支持系统到游戏系统的映射

（三）映射解读：从心流支持系统到游戏系统

表 6—11、表 6—12 和表 6—13 是对图 6—8 中呈现的在"心流支持系统元功能"和"游戏系统功能空间"各要素之间的"解释和例化"等映射关系的具体阐释。

1. 明晰的目标

表 6—11　　　"明晰的目标"对应的游戏系统功能空间——问题

心流支持系统元功能	映射	
	序号	解读
F1：系统能不断地提供蕴含某种挑战的活动	1	（1）游戏能发出具有某种挑战的任务（任务即为活动的具体形式） （2）挑战在问题空间中随任务而呈现和变化 （3）游戏中通常应具有多个任务（或者任务是可重复的），因而能不断地提供挑战
F2：这些挑战指向某个总目标，且又具有自身的具体目标	2	（1）游戏具有总体目标 （2）游戏中的每个任务都有自身具体的目标和内容，各任务的目标都指向总目标 （3）一个任务可能包含多个挑战（很多闯关游戏中的关卡即是最常见的任务，而一个关卡里通常又有很多挑战，比如解密、打怪、寻宝、比赛） （4）挑战是具体的，都为达成一个特定的目标，而达成一系列这样的目标即完成了任务目标
F3：系统能将此种挑战的目标以某种方式清晰而具体地表述	3	（1）任务在具体的或真实或有趣的游戏情境中呈现 （2）因而挑战及其目标也清晰地呈现于情境和任务的脉络之中，即游戏者清楚地知道自己面临或要做什么

2. 明确而及时的反馈

表 6—12　"明确而及时的反馈"对应的游戏系统功能空间——问题、执行和评价

心流支持系统元功能	映射	
	序号	解读
F4：使用者能以某种方式应对挑战 　F4.1：系统中存在应对此种挑战的技能和资源 　F4.2：使用者能以某种操作或行为方式习得和使用这些技能和资源 　F4.3：系统能识别使用者的操作或行为	4	（1）游戏者在基于情境的任务执行过程中获得体验 （2）游戏者总能以某种形式的决策（如：菜单选择、鼠标、键盘动作或 VR 体态手势等，第七章第四节将详细阐述）来应对系统发出的挑战 （3）游戏提供相应的资源（如：各种道具、能源和信息等）供游戏者决策时使用以应对挑战 （4）游戏者的任何决策方式都是系统预先设计，并可以被系统识别和判断的

续表

心流支持系统元功能	映射	
	序号	解读
F5：使用者的操作或行为对系统的影响能以某种方式被体现 F5.1：使用者的操作或行为对系统具有某种程度的影响 F5.2：系统能评估这种影响 F5.3：系统能以某种方式表现这种影响	5	（1）游戏者的任何决策对游戏都具有某种程度的影响
	6	（2）游戏有自己的绩效（例如经验、分数和级别等）评估系统，能对游戏者决策进行绩效评估，并能以此为依据决定任务进程如何发展
	7	（3）游戏者的决策质量，最终由任务的发展进程、过关情况和游戏者的绩效水平来表现

3. 应对挑战的适当技巧

表6—13 "应对挑战的适当技巧"对应的游戏系统功能空间——问题和执行

心流支持系统元功能	映射	
	序号	解读
F6：系统发出的挑战和使用者当时掌握的技能相平衡 F6.1：系统能评估使用者现有的技能水平 F6.2：系统对所能发出的挑战的整体难度有所规划 F6.3：产生与这种技能相平衡的挑战	8	（1）游戏能以某种方式综合地评估游戏者当前所具备的技能水平
	9	（2）游戏对任务的发展及挑战的整体难度水平具有系统的规划与设计 （3）游戏开始，由于默认游戏者技能最低，所以挑战也应该最低，这样才能对不了解游戏且技能生疏的新手产生吸引力（当然，问题空间的拟真性和有趣性是产生吸引力的另一个要素） （4）随着游戏者对游戏的了解程度和技能的提高，游戏挑战的难度水平逐渐提高 （5）游戏发出的挑战难度水平和游戏者当前所具备的技能水平大致相当或略高
F7：挑战与技能达到平均水平 F7.1：在使用者掌握平均熟练水平的技能之前，能产生足够的吸引力使其继续使用系统 F7.2：当挑战和技能达到平衡状态和平均水平时，系统应能尽量维持这种状态	10	（1）挑战与技能达到平均水平后能产生更高吸引力 （3）当挑战的难度水平和游戏者的技能水平大致相当并都达到平均水平后，游戏仍然能不断地提供这种难度水平适当变化的挑战 （3）游戏提供这种挑战的能力（即维持挑战和技能平衡状态）决定于其问题和执行空间的复杂度水平

通过上述考察可知，游戏各功能空间和心流支持系统元功能之间的确可能被设计而形成一系列映射关系，使得游戏得以成为一种可能支持心流体验的系统。如前所述，心流体验支持系统是一种人机（际）互动系统，

因此可以推断，游戏的各功能空间之间，以及由它们的相互作用所产生的整体性的游戏功能与游戏者之间，应该要通过设计形成某种持续的信息交换机制，这种机制可以调动和协调游戏和游戏者之间的互动关系，对游戏者的心理产生某种潜在而持续的影响——这种心理过程也就是心流体验。

那么这种机制是如何构成、如何运作的？又是如何调动游戏的各种要素与玩家进行互动，进而形成心流体验支持系统呢？

二　SS-DA 游戏吸引力模型

（一）模型要素

根据前文分析（见本章第二节，图6—5），在 RSTR 框架中，对游戏要素进行恰当的互动设计将可以产生 11 种类型的功能，它们的不同组合构成了"问题、执行和评价"等三大功能空间（集合），具有五个方面的特征。而根据表6—11、表6—12 和表6—13，游戏各功能空间都有其具体的表现方式或实现要素，而正是这些要素的共同作用，使得游戏可以被设计为一种支持心流体验的系统。综上所述，游戏功能空间的特征、类型和实现要素具有如表6—14 所示的对应关系。

表6—14　　　　　　游戏功能空间的特征、类型和实现要素

功能空间	功能特征	功能类型			游戏的实现要素
问题空间	拟真有趣	目标、内容、过程 时间、空间、资源 标准、保障			紧张、复杂、无序、突发、短缺、冲突、风险、混沌、危机、困境、反差、对抗、竞争、合作、希望……
					未知、残缺、神秘、费解、玄幻、谜团、反常、夸张、叙事性、戏剧性、偶然性、幽默感、扑朔迷离……
执行空间	以决策为核心	导演、演员、受众 时间、空间、资源 标准、保障			观察、识记、标示、理解、比较、应用、分析、猜测、选择、权衡、判断、控制、评估、反思……
评价空间	技能评价（内隐）绩效评价（外显）	目标、内容、过程 导演、演员、受众 标准、保障			奖励、惩罚、动态、量化、适当、及时、准确、公平、适应性、过程性、终结性……

游戏各功能空间的实现，本质上是系统以某种游戏化的信息表征方式对游戏者心理施加的某种影响，而这种信息表征方式正是表6—14中罗列的游戏实现要素。在"问题空间"中，根据游戏的这些影响所导致的游戏者感受的差异，其实现要素又大致可以分为两大种类——压力和悬念（在表6—14和表6—15中以虚线分割）。为简洁起见，根据它们对游戏者的心理产生影响的不同特征和方式，可以将各组要素进一步概括为压力（Stress）、悬念（Suspense）、决策（Decision making）和成就（Achievement）等四个大的维度，它们和游戏功能空间的对应关系见表6—15。

表6—15　　　　　　　　　**功能空间实现要素的概括**

功能空间	游戏的实现要素		概括要素及含义
问题空间	紧张、复杂、无序、突发、短缺、冲突、恐怖、风险、危机、困境、反差、对抗、竞争、合作……	压力	游戏系统以某种游戏化的信息表征方式，给游戏者心理造成的压抑、刺激、紧张甚至恐惧等感觉
	未知、残缺、神秘、费解、玄幻、谜团、反常、夸张、叙事性、戏剧性、偶然性、幽默感、扑朔迷离……	悬念	游戏系统以某种游戏化的信息表征方式，造成了游戏者心理上的疑惑、好奇和关切等感觉
执行空间	观察、识记、标示、理解、比较、应用、分析、猜测、选择、权衡、判断、控制、评估、反思……	决策	游戏系统以某种游戏化的信息表征方式，使游戏者在心理上获得掌控、决断、做主和自由等感觉
评价空间	奖励、惩罚、成功、失败、动态、量化、及时、准确、公平、过程性、终结性……	成就	游戏系统以某种游戏化的信息表征方式，使游戏者在心理上获得回报、成功、满足和自豪等感觉

　　以上四个要素在游戏和游戏者之间构成了一种交互式的关系，具有以下两个方面的特点：

　　第一，游戏以某种游戏化的信息表征方式给出压力S、悬念S，形成问题空间；游戏者在执行空间中进行决策D对上述压力、悬念做出反应；游戏的评价空间对此决策即时展现后果或做出评价，给出游戏者的成就A；而这种评价又影响到游戏进一步释放的压力和悬念，比如当前成就很高，说明玩家技术较高或能力较强，则进一步的挑战（压力和悬念）应该加大；

第二，压力、悬念、决策和成就各要素之间是动态性的相互影响和制约的。比如：压力的大小会受到悬念强弱的影响，悬念越强游戏者感受到的压力可能越大，反之亦然；而由此做出的决策所得到的成就差异，又反过来会影响游戏者对压力和悬念的感受，比如：当玩家的技能（决策）逐渐娴熟，等级（成就）越来越高时，面对同样的挑战，其感受到的压力和悬念就会越来越弱。

（二）心流体验支持系统模型

人类心理和行为的复杂性特征，决定了本书所研究的这种人机（际）心理互动系统，是非常复杂而开放的。因此有必要说明的是，虽然笔者力图挖掘和呈现构建这种复杂系统的逻辑关系，但显然很难像数学或物理学那样用特定的形式化符号进行精确的定量描述，而只能更多地依赖于自然语言和图表进行某种概括性、象征性的质性描述。鉴于此，本书提出的以游戏为平台的心流体验支持系统的大致逻辑关系可以阐述如下：

首先，如本章第二节所指出，某个支持心流体验的人机（际）交互系统必须具有十五个元功能，而游戏的功能空间和心流体验支持系统元功能之间可以设计出某种映射关系，或者说如果游戏系统的设计满足了上述条件，就可能成为一种支持心流体验的系统。

其次，上文论及，"游戏各功能空间的实现，本质上是系统以某种游戏化的信息表征方式对游戏者的心理施加的某种影响"，这种表征方式概括而言就是形成了压力、悬念、决策和成就等互动要素，游戏通过它们介入和影响着游戏者的心理过程，并实现了从游戏的功能空间到心流体验支持系统元功能之间的映射。换句话说，由于压力、悬念、决策和成就各要素的交互作用，实现了介于游戏者与游戏之间的心流体验支持系统。

最后，本章第二节末（图6—7）论及，在游戏过程中存在一个从"问题空间"到"执行空间"至"评价空间"再到"问题空间"的循环圈，这一循环过程实际上决定了S、S、D和A各要素之间的基本关系和互动原则。

为表述方便和形象化起见，我们将压力（Stress）、悬念（Suspense）、决策（Decision making）、成就（Achievement）和交互（Interactive）的英文首字母缩写，并将代表交互的 I 旋转 90°成为"–"，使之象征连接和沟通，然后把该心流体验支持系统各功能空间的互动关系总结为如下概念模型——SS–DA 游戏吸引力模型（见图 6—9）。

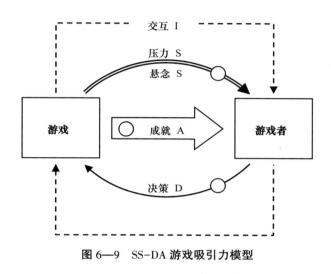

图 6—9 SS–DA 游戏吸引力模型

SS–DA 游戏吸引力模型具有如下含义：

（1）具有吸引力的游戏中存在着某种形式的 SS–DA 循环：

① 游戏产生压力 S 和（或）悬念 S；

② 游戏者做出相应决策 D；

③ 游戏进行判断与评价，给出游戏者成就 A；

④ 重复步骤①。

（2）压力、悬念、决策和成就等四个要素构成一种相互影响和制约的互动关系，它们的变化将影响游戏者对游戏的感受和评价；

（3）当循环的任何一个步骤被终止，则整个循环被破坏，游戏吸引力机制被打破。

游戏中存在的 SS-DA 循环，会使得游戏可能对其受众产生某种独特的吸引力，并且由于实现的方式各不相同，各种游戏对游戏者的吸引力也不尽相同。如前所述，游戏中潜在的这种对心流体验的支持，在一定程度上导致了游戏者对游戏的心理依赖，是游戏成瘾的客观性基础，因而也是导致游戏成瘾的最重要的内部原因之一（第四章第四节），因此 SS-DA 模型所阐述的人机（际）互动方式与过程，实际上就是这种暗含于游戏架构之内的、能对游戏者产生相当吸引力，甚至使其对游戏"上瘾"的原因，也是在设计教育游戏时可资利用的，使娱教项目更具魅力和趣味性的信息互动机制。

第七章

设 计 架 构 与 工 具

工欲善其事，必先利其器。

——《论语·卫灵公》

本章阐述如何将 SS-DA 游戏吸引力模型与 RSTR 游戏框架相结合，形成一套可用于教育游戏等娱教项目设计和评估的架构和工具。

第一节　总体架构与支持工具

一　SS-DA/RSTR 架构

此处的"架构"一词乃是隐喻，指的是为支持使用者获得心流体验，由 SS-DA 模型各要素与 RSTR 框架各要素组成的整体结构，及其互动关系的总和所形成的，用于教育游戏设计和策划的方式或技术，为简洁起见，称为 SS-DA/RSTR 架构。

（一）组成要素

SS-DA/RSTR 架构有八个组成要素，它们是：压力（Stress）、悬念（Suspense）、决策（Decision making）和成就（Achievement），以及角色（Role）、情景（Situation）、任务（Task）和规则（Rule），表 7—1 是对其含义的概述。

表 7—1 SS-DA/RSTR 架构组成要素释义

序号	要素	规定
1	压力 （Stress）	由游戏系统的问题功能空间产生的综合性信息表征所造成的游戏者心理上的紧张、刺激和压抑等感觉
2	悬念 （Suspense）	由游戏系统的问题功能空间产生的综合性信息表征所造成的游戏者心理上的疑惑、好奇和关切等感觉
3	决策 （Decision making）	由游戏系统的执行功能空间所提供的操作和行动方式，其目的是使游戏者和游戏进行交互和完成任务，并使前者在心理上获得掌控、决断、自由和做主等感觉
4	成就 （Achievement）	由游戏系统的评价功能空间所提供的对游戏者完成任务质量的评价，其目的是使游戏者在心理上获得成功、满足和自豪等感觉
5	角色 （Role）	由游戏者和人工智能（AI）控制的执行游戏任务的最小独立行动单位，包括玩家角色和非玩家角色（NPC）
6	情境 （Situation）	游戏进行的时空范围和游戏者在完成任务时可资利用的资源总和
7	任务 （Task）	游戏者为完成自己或者游戏预设的目标而经历的一系列操练、探索和问题解决的过程
8	规则 （Rule）	规定游戏进行的方式和评价的标准，规则在游戏中是一种渗透于上述各要素中的强制性约束和调节机制，既可以是隐性的，也可以直接进行一种可视化的表述

（二）运作机制

前文通过分析指出，某一支持心流体验的人机或人际系统所必须具备的十五个元功能，在 RSTR 游戏系统框架所提供的三个功能空间（或功能集合）中的映射即产生了 SS-DA 游戏成瘾模型，因此 SS-DA/RSTR 游戏架构（见图 7—1）中的运作机制可以进一步表述为：

（1）游戏的"问题空间"向游戏者提供或施加某种形式的压力 S 和悬念 S；

（2）游戏者通过"执行空间"进行一系列的决策 D，应对压力 S 和悬念 S；

（3）游戏系统的"评价空间"对这些决策 D 进行判断与评估，给出游戏者所取得的绩效 A 和新的压力 S 和悬念 S。

可见，建立和控制 SS-DA 循环的关键在于，对构成"问题""执行"

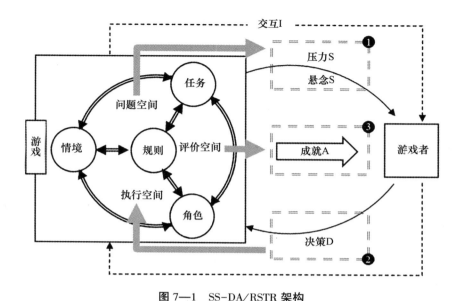

图7—1 SS-DA/RSTR 架构

和"评价"三个功能空间的"角色""情景""任务"和"规则"等四个要素及其相互关系做出具体的规划和设计。

　　需要指出的是，在 SS-DA/RSTR 架构中，规则 R 处于各要素的核心地位，进行具体设计时，角色、情境、任务、压力、悬念、决策和成就的一切特性和功能都体现着并受制于规则，对这些要素进行设计的过程实际上也就是对规则进行制定的过程，换句话说，规则的实现渗透在以上任何一个要素的设计之中。例如在中国象棋中，"楚河汉界、兵力对等"、"每人一步、轮流走棋"和"马踏斜日、炮打翻山"，既是对博弈空间和方式、角色配置和特性，以及游戏的决策和评价方式进行规定，同时也是对规则的一种描述和解释。对游戏者来说，规则是由游戏中的所有要素的呈现方式、操作方式和反馈结果综合体现的。如前所述，如同真实世界中的自然法则，它无处不在，既有情境和角色等可见的部分，又有不直接可见却可感可知的成分，因此可以说，游戏的规则是透过其所有构成要素而彰显的，而在 SS-DA/RSTR 架构中，规则 R 的设计渗透在压力 S、悬念 S、决策 D、成就 A 以及角色 R、情境 S 和任务 T 等各个要素的设计之中。

在 SS-DA/RSTR 架构中，采用的是一种分维度设计原则。由于压力 S、悬念 S、决策 D 和成就 A 源于问题、执行和评价三个功能空间的互动，而这些功能空间的形成则是角色 R、情境 S 和任务 T 和规则 R 四要素共同作用的结果，因此这种分维度设计即是对它们进行更细致的划分，然后以这些细分子项嵌入 S、S、D 和 A 等四个要素分别进行的。

二　支持工具

（一）设计模板

1. 概述

任何一种现成的工具、方法或模式本身不可能蕴含关于内容的创意或意义，但设计模板可以被视为一种"创意脚手架"，它是对 SS-DA/RSTR 架构的细化，试图通过一种半结构化的方式，为教育游戏等娱教项目设计和开发者提供一种从原始的朦胧创意到具体细节实现和优化的途径。或者说，设计模板是一种既可总揽全局、又可具体掌控细节的半结构化开发工具，为各要素的实现提供一种较为具体而又具弹性的方法，使得他们可以根据模板提供的信息，便捷地对相应的教学内容进行重构与封装，使 SS-DA 吸引力机制和娱教产品无缝融合，并提高开发的效率。另外，SS-DA 模板也可以作为一种分析工具，对已有的娱教产品进行较为结构化的案例剖析，如果再结合另一种分析工具"特征蛛网图"的应用，就可以对该产品可能具有的娱教吸引力做出较为客观和快捷的评估。

2. 模板构成

总体来看，设计模板的内容可以分为不同的抽象层级，各级"子项"和"实现形式"两个部分并没有原则性的区别，只是对 SS-DA 模型中各要素的抽象或概括程度不同罢了，模板的具体构成将在本章第二节到第五节中进行分维度阐述，其样例见表 7—2。

表7—2   SS-DA 设计模板样例

一级子项	二级子项	三级子项	实现形式			
一级子项1	二级子项1	三级子项1	A方式	B方式	C方式	D方式
			序号：（实现方式代号）			
			具体描述	1. 2. ……		
		三级子项2	A方式	B方式		C方式
				1 | 2 | 3 | 4		
			序号：（实现方式代号）			
			具体描述	1. 2. ……		
		……	……			
	二级子项2	三级子项n	具体描述	1. 2. ……		
		……	……			
一级子项n	……					
……						
X级子项n	……					

（1）子项。子项指的是某个维度的实现可分为若干个较小维度，每个较小维度又可分为更为细致的几种方式，每一个子项都是对上一级的解释和细化，各子项又分为若干更细的子项，"三级子项"并不是最终一级，根据实际情况还可能再分；

（2）实现形式。各级子项对信息的产生进行了概括程度不同的分类，而"实现形式"则最终将 S、S、D 和 A 的每一个维度规定为比较具体的游戏语言（在后面的分维度设计中可以看到，"实现形式"可能又被分为若干种预定的方式，其序号分别以 A、B、C……等字母标示），这些游戏语言所传递的信息总和最终实现了整个设计维度所要表达的信息。

各维度、子项和实现方式的概念关系构成了一种类似家族关系的树形结构，下面以悬念（S）维度模板的结构为例对此进行说明，见图7—2。

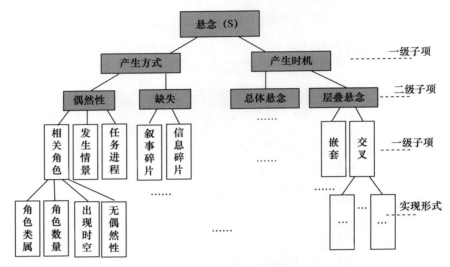

图7—2 悬念维度模板树形结构

由图7—2可以看出，悬念维度有五个级别，一级子项由"产生方式"和"产生时机"构成，"产生方式"指的是游戏如何制造悬念，悬念的制造又可分为"偶然性"和"缺失"两种方式。"偶然性"的实现方式又可分为（下级子项）"相关角色""发生情景"和"任务进程"。比如在经典游戏《魂斗罗》或《雷电》中，某个"怪物或敌人"（相关NPC角色）在某一关（任务进程）中的某个时间和地点（发生情境）的出现可以被设置为偶然性（随机）的，这一次出现了，下次未必以同样方式（类型、时机、地点）出现。"相关角色"的"偶然性"则具体由角色的类属、数量和其出现的时间或空间决定。当然，由于设计取向不同，角色的设置也可能较少或不具备任何偶然性特征，比如在大多数游戏的第一关中，怪物一般都比较少也比较"菜"，而在《超级马里奥》中，那些"吃了"会"长大"的"蘑菇"、会"涨分"的"金币"，会弹来弹去的"乌龟"或小怪物，开局时总是在一模一样的地方出现。

3. 使用方法

脚本开发人员可以根据总体创意和策划的安排，对模板中的各项要素最终如何实现进行具体的设计，对之做出较为详细的描述，并以较为规范化的形式填入模板，在填写各要素的最终"实现形式"时，大致可以分为三种情况：

（1）实现形式可细分为若干种预定的方式，每种方式分别以"A、B、C……"等字母标示出，当具体的设计内容符合这些情况中的某一种时（例如：A 角色类属），则先填入其序号（A），再在下面进行分项具体描述（实现形式之所以要预先安排一些特定选项，主要是为了向设计者提供一些有用的思路，提高效率，但不限定是否使用这些选项）；

（2）同理，在这些预定情况中又可分为更加细致的选项，这些细分项以"1、2……"等数字进行标示，当设计内容符合某种预定情况及其下面的细分选项时，则同时填入其代号，例如：A1、B3……等，然后再在下面进行分项具体描述，这是一种相对现成的、结构化的方式；

（3）如果实现的形式不属于以上任何一种特定情况，则直接对设计的实际内容进行具体描述，有多少种实现形式都一一记下，显然这是一种更自由、更开放的方式，更需要想象力，总的来说，（2）和（3）结合形成了所谓"半结构化"的方法。

当然，在脚本设计时，对 S、S、D 和 A 各维度的具体设置并非要面面俱到（大多数情况下既无必要也不可能），只要所设置的项目的确能起到协调"挑战"和"技能"的相互关系的作用，使之始终朝着有利于使用者获得心流体验的方向发展，能提高其进行游戏和学习的兴趣，激发其学习动机，促进其主动学习就行了，因此在大多数情况下并非要将设计模板全部填满。

（二）词汇表

词汇表可以认为是游戏语言的某种较为规范化释义的集合。所谓"游戏语言"只是一个对用以描述游戏相关概念的全体语汇的笼统称谓，在实际的游戏脚本开发中并不存在某种正式和通行的标准和具体词汇。设置词汇表的初衷是，教育游戏或娱教软件的开发工作通常由若干小组共同进行，技术词汇使用的随意性可能使合作成员间因交流不畅而增加不必要的误解和降低工作效率，因此为理解准确和交流方便起见，有必要对设计模板中出现的关键词进行统一而规范的解释，这些关键词及其解释的汇总就是词汇表。

SS-DA 模型中的每个维度具有一个单独的词汇表，并且为了醒目起见，在本书中关键词都以"加黑"的方式标出。词汇表示例见图 7—3。

关键词	该关键词在基于SS-DA/RSTR架构的游戏设计中的含义

序号	词汇	释义
1	产生方式	游戏向游戏者施加的"压力"由何种因素产生；在SS-DA模型中，"压力"由"任务终止"和"任务特征"两个因素产生
2	任务阻碍	任务受阻、失败或停滞不前；任务阻碍由三个因素导致：角色危险、资源短缺和绩效欠缺
3	角色危险	游戏者控制的角色遭受"生命"威胁，使得任务可能被阻碍甚至终止
4	资源短缺	游戏者所拥有的某种游戏资源出现短缺，使得任务可能终止或停滞不前。资源短缺大致包括四种情况：时间资源短缺、空间资源短缺、道具资源短缺以及其他资源短缺
……		……

图 7—3 SS-DA 词汇表示例

显然，本书提出的词汇表只是一种示例，在具体项目开发中，设计者完全有理由根据实际情况对其进行扩充，或另起炉灶进行设计。

（三）特征蛛网图

1. 概述

特征蛛网图（Spider chart）是一种较为直观的模糊综合评判法，所谓模糊综合评判是对构成复杂事物的多方面因素进行综合评判的一种方法。其基本假设是：影响某一真实事物的因素往往是复杂或多方面的，这些因素有些可以量化，有些无法量化，因此要直观地判断它们对此事物的整体性影响就可以运用模糊综合评判法，而在模糊综合评判中经常用到的一种工具就是蛛网图。

蛛网图的研究最早起源于数学中的图论，近年来被广泛地应用于工程、管理、商业、文化和其他社会科学研究领域的评测。游戏设计评价并不关注其数学上的相关概念，而只探讨如何建立和使用蛛网图，对 SS—DA 的实现效果进行一种较为直观的模糊综合评判。其基本方法如下：

（1）首先确定以哪些影响该事物的因素作为评价指标，并根据其影响程度或权重进行分级或评分；

（2）然后任取一点为圆心，以该因素中的每一个评价指标为维度建立一个多维坐标系，并以各指标所获得的评价等级或分值为半径（单位长度不限，在适当范围内自定即可）画圆，如图7—4（a）；

（3）最后根据一定的标准为每个指标打分，直观地显示为若干以维度坐标直线和分值圆圈相交的点，最后将各分值点以直线连接，成为一个折线图，如图7—4（b）。

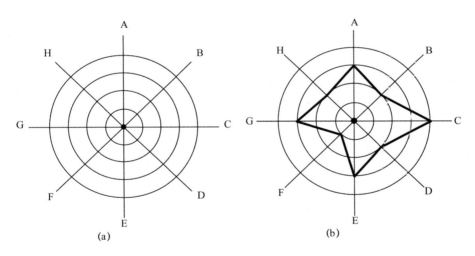

图7—4 蛛网图示例

比如，图7—4可以看作对某学生学科总成绩的蛛网评价示例。从图7—4（a）可以看出，评价共有A、B……及H等8个学科，各科成绩分为五个级别。当各科目的分数取值分别是：A=3、B=2、C=4、D=2、E=3、F=1、G=3、H=2时，则有如图7—4（b）所示的结果。

总体来说，在娱教和游戏化学习环境这类难以精确界定其各项特征的复杂项目中使用蛛网图评价法进行辅助设计，追求的是便捷、直观和综合性，而并不追求精确性。和追求精确度的专项评估方法相比它至少具有以下三方面的优点：首先，此方法为多特征评价方法，在同一张图上即可体现同一事物多方面的特征或影响因素；其次，该方法直观形象，根据"蛛网"的形状即可大致推断出各因素的影响或作用程度；再者，该方法可以同时评价多个对象，既可从各个坐标直接看出它们之间的不同，也可以通过对比各评价指标的最高分和平均分判断它们的差别。

2. SS-DA 特征蛛网图

SS-DA 机制的形成是多种因素共同作用的结果，并且这些因素几乎无法量化，因此运用蛛网图来显示其各要素的实现程度无疑是一种合适的选择，借助 SS-DA 特征蛛网图这种直观的评估工具，策划或脚本开发人员可以对 S、S、D、A 等要素的各级子项的设置情况进行总体而快速的扫描，做到对 SS-DA 的实现情况心中有数。

为清晰起见，对 SS-DA 的每一个维度都可以画一个单独的特征蛛网图，其指标是最终的"实现方式"，分值则是这些"实现方式"的数量或种类（不同的项目指标值会不尽相同）。为直观起见，二级子项名称以带弧线的方框在图中标出，最贴近弧线的是三级子项的名称，且每个三级子项以灰色为底，之间以空白间隔。在三级子项内圈则是作为评估指标的"实现方式"。指标最高分值的设置应根据项目的实际开发情况来确定，例如每增加一种实现方式则得一分。在某个游戏案例中，"悬念 S"设置的蛛网图可能如图 7—5 所示。

从图中可以直观看出，该游戏以随机方式设置的任务进程较多，出现多少角色及其属性的偶然性和阶段性悬念也较多，但出现的场景、叙事内容、有条件触发的任务进程中留下的悬念都不多。

需要指出的是，特征蛛网图中的分值只是体现 S、S、D 和 A 各要素以某种方式实现了多少，或者说某种类型的压力、悬念、决策和成就的数量，而不能反映其实现的质量和效果，例如：不同的悬念设置带给人的心

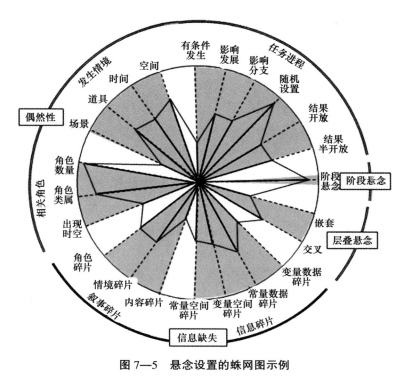

图7—5 悬念设置的蛛网图示例

理感受不尽相同，并非设置的悬念数量越多就越能激发起人们好奇与探究的欲望，所以不能简单地从"蛛网"的形状判断 SS-DA 实现的优劣。然而这毕竟为 SS-DA 实现的程度和状况提供了一条相对量化、全面而直观的评价途径，为设计者全局性地预测和把握教育游戏的效果提供了一种直观而便捷的工具。

第二节 压力（S）维度设计

一 概述

压力（Stress）是一个源自物理学的概念，原意是指使形体伸张或变形的应力系统，以及受到这种力的作用后所产生的物体内应力。在生理学、心理学或社会研究中则常用来隐喻有机体对外界刺激或要求的某种非特定性反应①。

一般来说，当生物个体感到或认为环境中存在某种威胁或危险，且其超出了自己能力和资源的掌控范围时，就有可能产生压力。美国心理学家拉泽卢斯（R. S. Lazarus）认为压力是某种个体的"需求以及理性地应对这些需求之间的联系"②，奎克（J. C. Quick）等人则认为这是一种"压力源对机体自然能力资源的普遍的有规律的无意识的调动"③，卢赞斯（F. Luthans）的进一步研究则发现这种"对内外部情况的适应性反应"会导致个体"生理上，心理上以及行为上的偏离"④。这种导致行为偏离的情况就是压力源（stressor），又称应激源，是指个体所遭受的事件（刺激）或事件的特性，可能来自个体内部，也可能来自外部。综合美国著名心理学家威廉·詹姆斯（William James）和丹麦心理学家卡尔·兰格（Carl Lange）提出的"詹姆斯—兰格情绪理论"（James-Lange theory of emotion）、美国生理学家沃尔特·坎农（Walter Canno）和菲利普·巴德（Philip Bard）提出的"坎农—巴德情绪理论"（Cannon-Bard theory of emotion）和斯坦利·沙赫特（Stanley Schachter）和辛格（J. E. Singer）的"认知唤醒理论或双因素理论"（Cognitive arousal theory/two-factor theory)⑤，可以认为压力的产生依赖于环境刺激、个体需求、已有资源和能力之间相互作用的"刺激—唤醒—评估—应对"过程，这种互动可以分为四个阶段：

（1）刺激：压力源或引起压力反应的事件出现；

---

① Selye, H., "The General Adaptation Syndrome and the Diseases of Adaptation", *Journal of Clinical Endocrinology*, Vol. 2, 1946, pp. 117–230.

② Lazarus, R. S., *Psychological Stress and the Coping Process*, New York: McGraw-Hill, 1996.

③ Quick, J. C. & Quick, J. D., *Organizational Stress and Preventive Management*, New York: McGraw-Hill, 1984.

④ Luthans, F., "Human, Social, and Now Positive Psychological Capital Management: Investing in People for Competitive Advantage", *Organizational Dynamics*, Vol. 33, No. 2, 2004, pp. 143–160.

⑤ ［加］桑德拉·切卡莱丽、诺兰·怀特：《心理学最佳入门》（原书第5版），周仁来等译，中国纺织出版社2021年版。

（2）唤醒：个体意识到压力源对自己有所要求或有威胁时，对自己的资源和能力进行评估，同时释放情绪；

（3）评估：个体评估自己的能力与刺激之间的差距；

（4）应对：逃避刺激或运用各种能力和资源力求达到环境的要求或缩小差距。

压力不简单等同于忧虑，也不简单等同于神经紧张，且不一定是坏的或者具有破坏性而应加以避免的事物；它不仅关乎个体，也关乎环境，存在于两者交互的动态过程之中，是一种交互的感受及其过程。对压力的体验既与个人对待压力的看法紧密联系，又跟个人的需求和应对能力有关。有时候，个体的感受、解读或认知甚至比压力源本身更重要，这种认知是某种外在的事关主体生存的冲突所导致的自我感受、情绪与思维等内部心理状态。概括地说，压力往往同欲望或需求成正比，而同能力成反比，因此同一个人当能力较低而欲望较高时，压力的感受一般会更强烈；同一个环境或事件对某人来讲可能具有压力性，而对其他人来说则不是问题；能恰当自我评估的个体往往有较好的压力调适能力或环境适应性，反之则容易感到挫败。

那么压力究竟会引起什么内部心理过程，对人的社会性活动又有何种影响呢？美国心理学家坎农（Canno）认为，当个体（包括人或很多高等动物）感到危险或威胁的时候，身体会自动激发去甲肾上腺素（norepinephrine）和皮质醇（cortisol）等肾上腺皮质激素的分泌，引起一种"战斗或逃跑反应"（fight or flight response）[①]。这是一种人类在进化中逐渐获得并世代相传的应急性反应，在面对危险时会迅疾调动身体的肌肉、血液、神经、能量等各种资源以提高应对困难局面的能力，迅遽做出评估和决定：是鼓足勇气迎接挑战，还是"识时务地"逃避困境，这一过程中，个体就会产生刺激、紧张、恐惧等压力体验。另外，战或逃的选择其实同时取决于上文所述的由于个体能力、经验的差异所带来的对类似压力的不

---

① ［美］W. B. 坎农：《躯体的智慧》，范岳年、魏有仁译，商务印书馆 2011 年版，第 149 页。

同评估，著名的"小马过河"寓言就是对此的形象说明。

"战逃反应"心理在现代人身上仍然存在，只不过由于社会发展而进一步复杂化。概括而言，个体对压力的感受逐步演化为遭遇不愉快时的恶性压力（distress）和来自有利于生存的积极事件的良性压力（eustress）等两种粗略的类型。面对同样的困境或挑战，不同的个体会有不同的主观感受和评估，而这种个体对压力的体验程度不但决定着初始的抉择，而且会影响到已经开展的工作绩效水平，比如在到达某个压力水平之前，绩效会随着压力的提高而提高，但当压力超过该水平之后，工作绩效反而会开始下降，绩效和压力的变化关系呈现一种倒"U"形结构。因此也有人把这个倒"U"形顶点左边的压力看作是有益的积极压力，此点右边的则是有害的消极压力①，这就是所谓的"耶基斯—多德森激发定律"（Yerkes-Dodson Arousal Law），见图7—6。

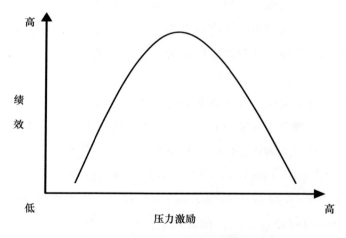

图7—6 耶基斯—多德森激发定律

毋庸置疑的是，大多数有价值的学习确实常常充满压力。一般来说，从问题解决与自身成长的角度看，只要目标、内容、方法、持续时间基本

---

① Yerkes, R. M. & Dodson, J. D., "The Relation of Strength of Stimulus to Rapidity of Habit-Formation", *Journal of Comparative Neurology and Psychology*, Vol. 18, 1908, pp. 459-482.

适当，当主体感受到某种来自学习环境的压力，通过综合评估和运用各种能力和资源以适应和满足环境中的各种要求时，同时也会潜移默化地对当前心理和行为进行某种加强或重构，这本身其实也是一个和明线学习任务并行的、对现有能力和心态进行调整、提升和丰富的潜在学习过程，只要压力的程度和应对方式适当，这种适应性的身心演变过程对受压者的认知和能力结构将可能是有益的。

当个体面对的环境从物理情境变为游戏情境时，由于游戏本身是无现实性后果的活动，或者说，游戏者关注的不是游戏绩效产生的外部影响，这意味着压力中的紧张成分在游戏的过程中将扮演更为重要的角色，是游戏趣味性和吸引力的最重要来源。紧张意味着悬而未决、机会未定，游戏者想要任务有进展，就必须努力当机立断、解决问题，因此如何设计或实现这种压力或紧张感，并使之尽量保持在倒"U"形的左半部分，从而有益于玩家的身心健康，就成了游戏设计面临的一个重要问题。

在 SS-DA 模型中，压力是以一种具有互动性和可控性特征的游戏化方式来表征和传递的，既具有真实压力的上述若干特性，又应该能够根据游戏者当前的绩效与能力，以"心流体验模型"和"耶基斯—多德森激发定律"为指导进行适当调节，进而带给游戏者某种刺激、兴奋和紧张的感觉，与其他要素一道，营造身临其境、引人入胜的情境，以激发游戏者的兴趣、调动其潜能，积极地迎接挑战解决问题，获得其他学习环境所无法提供的独特体验。

显然，游戏产生或提供压力的具体方式不拘一格，无穷无尽的创新设计正是游戏魅力的来源，下面设计模板中提供的产生方式只是一种建议，它们源自对现有优秀游戏中压力实现方式的一种分析和综合。模板中各词汇的具体含义见后文"三 词汇表"中的解释。悬念 S、决策 D 和成就 A 等各维度设计模板的实现也是如此，后文不再赘述。

二 设计模板

表 7—3   压力（S）维度设计模板

一级子项	二级子项	三级子项	实现形式				
产生方式	任务阻碍	角色危险	具体描述：				
		资源短缺	A 时间短缺	B 空间短缺	C 道具短缺	D 其他短缺	E 资源无关
			序号：				
			具体描述：				
		绩效欠缺	A 经验欠缺	B 积分欠缺	C 等级欠缺	D 其他欠缺	E 绩效无关
			序号：				
			具体描述：				
	任务特征	难度设置	A 选择性			B 隐性变化	
			1 不可选	2 可选	3 随机	1 进程相关	2 绩效相关	3 其他
			序号：				
			具体描述：				
		触发方式	A 随机		B 预定	C 游戏者决定	
			序号：				
			具体描述：				

三 词汇表

压力（S）维度的词汇表如下：

表 7—4   压力（S）维度词汇表

序号	词汇	释义
1	产生方式	游戏向游戏者施加的压力由何种因素产生 SS-DA 模型中，压力由任务阻碍和任务特征两个因素产生
2	任务阻碍	任务受阻、失败或停滞不前 任务阻碍由三个因素导致：角色危险、资源短缺和绩效欠缺
3	角色危险	游戏者控制的角色遭受"生命"威胁，使得任务可能被阻碍甚至终止

续表

序号	词汇	释义
4	资源短缺	游戏者所拥有的某种游戏资源出现短缺 例如：时间、密钥、地图，使得任务可能终止或停滞不前 资源短缺包括四种情况：时间短缺、空间短缺、道具短缺以及其他短缺
5	时间短缺	任务的完成有时间资源的限制 时间是会被消耗或（和）不会自动获得的 当时间短缺到一定程度时任务会被阻碍甚至终止
6	空间短缺	任务的完成有空间资源的限制 而这种空间是会被消耗或（和）不会自动获得的 当空间短缺到一定程度时任务会受到阻碍甚至终止
7	道具短缺	任务的完成受到（需要）某种道具资源的限制（支持） 道具是会被消耗或（和）不会自动获得的 当道具短缺时任务会受到阻碍甚至终止
8	其他短缺	除上述三种资源外，任务的完成还受到（需要）某种资源的限制（支持） 这种资源是会被消耗或（和）不会自动获得的 当这种资源短缺时任务会受到阻碍甚至终止
9	资源无关	任务的终止与否和资源没有任何关系
10	绩效	评价玩家成绩的量化指标 绩效包括：经验值、积分、等级和其他 大多数游戏的绩效系统都包括经验值、积分和等级中的几种或全部 例如：棋牌和休闲小游戏一般都有积分和等级，RPG 游戏一般都有经验值、积分和等级
11	绩效欠缺	在某种情况下游戏者的绩效没有达到规定值，则任务会终止 例如：《极品飞车》里的敲出赛制，排名靠后的被淘汰
12	经验值	衡量角色的能力、属性和任务经历的量化指标 通常只要经历了某个任务就会有一定的经验值 任务成败或完成质量对经验值的大小可能有影响，比如任务完成得越好经验值越高，反之亦然
13	经验值欠缺	由于经验值达不到规定的水平而导致的任务终止
14	积分	衡量角色任务质量或数量的量化指标 通常要完成某个任务才会获得一定的积分 完成质量也会影响积分的多少 某些游戏中，经验值和积分常被作为同一个概念使用 一般可分为总积分和单次任务积分
15	积分欠缺	由于积分达不到规定的水平而导致的任务终止
16	等级	衡量角色绩效的又一种量化指标 等级比经验或积分具有更高的概括性，类似于现实世界中的级别、职称或军衔，常会为玩家带来更多的成就感或荣誉感 一般而言，大多数游戏会设计为：角色经历一定的任务过程就会获得一定数量的经验值或积分，积累一定的经验值和积分则会上升一个等级 例如：《帝国时代》《极品飞车》《主题医院》《王者荣耀》《三国志》《大航海》和 QQ 的棋牌游戏都有详细的等级设定

续表

序号	词汇	释义
17	等级欠缺	由于等级达不到规定的水平而导致的任务终止
18	其他绩效	除经验值、积分和等级外的其他衡量角色绩效的量化指标 例如：赛车游戏里的名次或排位
19	其他欠缺	由于其他绩效达不到规定的水平而导致的任务终止
20	绩效无关	任务的终止与否和绩效没有任何关系
21	任务特征	指任务本身的性质和特点 任务特征的不同也会导致不同的压力变化 任务特征包括任务难度和触发方式
22	难度设置	指任务难度水平的设置方式，或影响任务难度水平的各种因素 分为选择性和隐性变化两种设置方式 选择性是指游戏者能否自行决定任务的难度水平 包括：不可选、可选和随机三种方式 隐性变化通常由游戏设计者预先通过某种算法或方式进行规定，比如根据 玩家的绩效或能力水平变化，设置相适应的难度水平① 包括：进程相关、绩效相关和其他
23	不可选	游戏者无权选择任务的难度 或者说游戏不提供任何形式的难度选择 因而任务难度的调节对游戏者来说是隐性的
24	可选	游戏提供某种选择形式让游戏者可以选择任务难度 因而任务难度的调节对游戏者来说是显性的
25	随机	任务难度的选择通过某种随机的方式来进行 例如：让玩家抽签或由游戏随机产生
26	进程相关	任务的难度与其发展阶段相关 例如：同一个任务越往后发展越难，或越是在后面的任务越难
27	成就相关	任务的难度与游戏者取得的成就相关 例如：角色取得的成就越高则任务越难，通常是越往后的关卡越难
28	其他	任务难度的变化和任务的进程和游戏者取得的成就无关，而是由其他因素 决定，比如某个特定算法
29	触发方式	指任务是如何开始的 包括：游戏者决定、游戏预定和随机方式
30	随机方式	任务的开始是随机的，这种触发方式多用于子任务的开始
31	游戏预定	任务在何种情况下开始，由游戏设计者预先规定 例如：当游戏发展到某个阶段或游戏者绩效达到某个水平时触发任务， 这种触发方式多用于子任务的开始

---

① 游戏任务或挑战的适应性难度设计是教育游戏、游戏化或体验式学习环境设计中又一个值得深入研究的领域，其总体原则是：系统通过评估玩家或学习者当前的技能水平，而相应地推出难度适当或略高的下一个任务，并不断动态地再现这一过程，以更好地支持其使用者持续地获得心流体验。

续表

序号	词汇	释义
32	游戏者决定	游戏提供某种形式的选择方式，由游戏者决定任务何时开始 并且在游戏者决定之前系统将一直等待 这种触发方式多用于一个完整任务的开始

四 特征蛛网图

根据以上模板中的要素，可以得出如图7—7所示的压力（S）维度的特征蛛网图。设计者在脚本设计完成后，就可以根据各要素的实际实现情况得出具体分值，然后连接这些得分值所在的点就可以画出如本章图7—5般的折线图，对压力（S）的设计情况做出一个直观综合的评估。

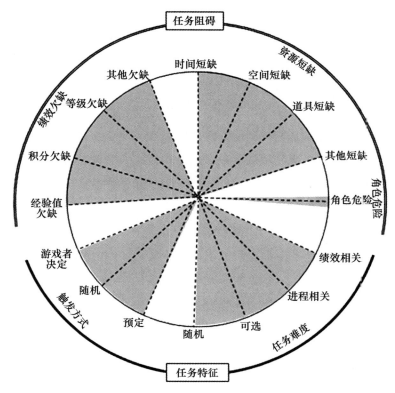

图7—7　压力（S）维度特征蛛网图

第三节　悬念（S）维度设计

一　概述

悬念（Suspense）是文学作品的一种创作手法，《电影艺术词典》对它的解释是"处理情节结构的手法之一"，是"利用观众（读者）关切故事发展和人物命运的期待心理，在剧作中所设置的悬而未决的矛盾现象"。对创作者而言，悬念的作用是"集中观众的注意力，引导观众进入剧情发展，从而达到饱和状态的欣赏效果"[①]；对受众来说则是"欣赏戏剧、电影或其他文艺作品时，对故事情节发展和人物命运很想知道又无从推知的关切和期待心理"[②]，是观赏动机的一种重要推动力。从文艺欣赏的角度，在美国剧作家威·路怀特看来，悬念是一种用来"吊胃口"的具有诱惑力的技巧，他在《论悬念》一文中将悬念所蕴含着的巨大的诱惑力比喻为"随时可能爆炸的炸弹及其威慑力"。他描述道，戏剧性故事的讲述者"埋下一颗炸弹，这颗炸弹可能是物质的，也可能是感情的，然后把它留到最后爆炸。就这样，他把戏剧中的能量释放出来，这种能量就是悬念"[③]。

抛开道德判断，无论从认知或审美的角度来看，爱好新奇都是人的本性，因而悬念是一种极具吸引力和表现力的艺术手段，被广泛运用于文学、戏剧与电影等传统文艺作品当中，是引人入胜的情节结构最重要的技巧之一，其独特的叙事功能使得观众对情节的未来发展，如骤变、突变等可能性产生极大关心，从而吸引并引导观众紧张、激动和积极地参与到故事中来。从悬念产生的机制来看，悬念与信息的产生和获取有关，悬念之所以会产生，归根结底是由于事物发生和演化中存在的偶然性和受众对信息获取的不完整性而造成的，这种偶然性和缺失性常常使得人们产生对事

---

① 许南明等主编：《电影艺术词典》（修订版），中国电影出版社 2005 年版，第 113 页。

② 中国社会科学院语言研究所词典编辑室编：《现代汉语词典》（第七版），商务印书馆 2016 年版，第 1484 页。

③ ［美］威·路怀特：《论悬念》，宫竺峰译，《世界电影》1982 年第 3 期，第 128 页。

物整体的好奇、关注与预测。

在传统文艺作品中，悬念必然是由作者预先设计的，就是影片先告诉观众该期待什么，然后吊着观众的胃口让其等着，观众只好听从导演的安排，期待着一切情绪都能按照几何级数的爆发而得到答案。设计者运用各种手法故意对相关信息进行不完整表述，透露出来的蛛丝马迹、只言片语又貌似"事关重大"，即埋下受众的某种情感与好奇心"炸弹"，然后等这种情感与好奇的"重负"累积到一定程度，再适时将之释放——"引爆"。在小说和影视中，悬念的作用可谓屡试不爽，常常动人心弦而引人入胜，平添了作品的魅力，甚至可以说故事离不开悬念。

从这个角度看，游戏和小说、曲艺（中国传统相声中将悬念称为"包袱"，是制造意外和幽默的最重要手法）以及影视等传统文艺作品对悬念的运用不尽相同。显然，在传统叙事媒介中，受众并无制造或改变悬念的权利，无论看了多少遍，悬念总是一样的。但在游戏中，不但这种被动式的传统媒介中的悬念制造方法仍然适用，更使主动式或交互式悬念制造成为可能，尤其是在融入了叙事的电子游戏中，数字技术使得交互性与偶然性在叙事中应运而生。在游戏中，故事的发展不由游戏设计者完全安排，或者说设计者故意制造了这种多条故事线，使得不同的游戏者由于采取了不同的决策而可能生成不同的任务线，进而在同一个游戏中可能经历不同过程、遭遇不同挑战和获得迥异的结局，进而获得个性化的或每次都有所不同的新体验。可见，在游戏中，游戏者获得了更多的权利与机会参与叙事，他们既是悬念的承受者，又是悬念的制造者。

从这个角度看，游戏中的悬念更接近于真实世界中的悬念。这种悬念虽然是由预先设计好的算法来确定产生的规则与方式，但其结构却是半开放的，结果仍然是未知的，并在相当程度上决定于游戏者的行为，他们的努力与否将直接影响其游戏世界，进而获得不同的体验，因此其参与的积极性和体验的持久性必然极大提高。表7—5是对传统媒介和游戏中悬念特征的一个比较。

表7—5　　　　　　　　　传统媒介与游戏的悬念特征比较

比较维度　　　形式	传统媒介	游戏
悬念设计者	作者单独	设计者（算法）与游戏者共同
悬念设计手法	信息缺失	信息缺失、偶然性
受众体验	所有受众完全一样	不同游戏者不尽相同

从神经生理学的角度看，悬念也是游戏吸引力最核心的来源之一。本书第三章第一节中曾分析了游戏的成瘾机制，指出人体分泌的多巴胺这种"面向未来"的神经递质会对自身行为产生的可能后果进行一种"奖励预测误差"（Reward Prediction Error，RPE）评价，并根据评价结果对下一步行动进行控制和强化：如果行为实施以后的"实际成效"大于实施前主体对此的"预期成效"，则多巴胺分泌会增多，产生"想要"感，激励该行为的再次产生，反之多巴胺分泌减少，"想要"感则会逐渐减退（见本书第三章图3—2）。

在一款好的游戏中，设计者和游戏者共同制造的"偶然性"和"信息缺失"（下文的"词汇表"中将会详细解释这两个概念）会产生大量不确定性因素，使得未来扑朔迷离，其精髓正是某种程度上的"测不准"，它使得游戏者对游戏发展或叙事中的未来产生某种程度的RPE，而本章第五节将要分析的同属SS-DA架构的"成就"要素设计将显性化地放大这种RPE，不断刺激玩家多巴胺的分泌，使其不断产生"想要玩"的感觉而欲罢不能。

至此我们可以断言，导致游戏成瘾的神经运作机制中的关键因素就在于玩家在游戏情境中，被人为设计的一个又一个挑战不断刺激，进而持续地分泌产生"战逃反应"和"想要"感的神经递质，此时构成"挑战"的核心要素正是上文分析过的，刺激皮质醇和去甲肾上腺素产生，进而导致心理紧张感的——压力（Stress），以及由多巴胺驱动的对未来持续的好奇心——悬念（Suspense）。

二 设计模板

表7—6 　　　　　　　　　　　　**悬念（S）维度设计模板**

一级子项	二级子项	三级子项	实现形式							
产生方式	偶然性	相关角色	A 角色类属		B 角色数量		C 出现时空		Γ 无偶然性	
			序号：							
			具体描述：							
		发生情境	A 场景	B 资源					C 无偶然性	
				1 道具	2 时间		3 空间	4 其池		
			序号：							
			具体描述：							
		任务进程	A 发生条件		B 结果影响		C 设置		D 执行结果	
			1 无条件	2 有条件	1 发展	2 分支	1 预定	2 随机	1 收敛	2 半开放	3 开放
			序号：							
			具体描述：							
	信息缺失	叙事碎片	A 内容碎片		B 情境碎片		C 角色碎片		D 无叙事碎片	
			序号：							
			具体描述：							
		信息碎片	A 数据碎片		B 空间碎片				D 无信息碎片	
			1 常量	2 变量	1 常量		2 变量			
			序号：							
			具体描述：							
产生时机	阶段悬念	—	具体描述：							
	层叠悬念	嵌套	具体描述：							
		交叉	具体描述：							

三 词汇表

表7—7 悬念（S）维度的词汇表

序号	词汇	释义
1	产生方式	指游戏的悬念如何产生 在 SS-DA 模型中，悬念由偶然性和信息缺失两个因素产生
2	偶然性	指游戏进行时某种情况的出现是随机或不确定的 这些不确定性因素对游戏者来说是不可完全预测的，以激发其好奇心和探索欲 偶然性涵盖角色、情境和任务三个方面 包括：相关角色、游戏情境和任务进程
3	相关角色	相关角色的偶然性是指，除游戏者控制的角色外，与任务相关的其他角色（包括 NPC，下同）所表现出的角色特征的不确定性 包括：角色类属、角色数量和角色出现时空
4	角色类属	角色类属的偶然性是指在游戏中将出现的某个（些）角色的类型和属性对游戏者来说是不可完全预测的
5	角色数量	角色数量的偶然性是指在游戏进行中将出现的角色数量对游戏者来说是未知的 比如：当数量为零时，则不会出现
6	角色出现 时空	角色出现时空的偶然性是指在游戏中，在何时、何处出现某个角色是不确定的
7	无偶然性	指游戏的相关角色和发生情境方面无任何的偶然性因素，即角色总是在特定时间和地点以确定方式出现
8	发生情境	发生情境的偶然性是指将要进行的游戏任务发生在何种情境对游戏者来说是不可完全预测的 情境包括场景和资源
9	场景	指游戏中的任务赖以发生的虚拟空间、氛围及其暗含的时间背景等 例如：游戏故事发生在某某地方和年代之类 一般而言，场景是固定的，不能被游戏者直接改变和影响 其偶然性是指，将要开始的游戏任务发生在何种游戏场景之中对游戏者来说是不可完全预测的
10	资源	资源指有助于任务进行，并能被角色操作、利用、改变或消耗但不具备人工智能的仿真物 包括：道具资源、时间资源、空间资源和其他资源 资源偶然性是指在游戏进行中将要出现的资源对游戏者来说是不可完全预测的 注意：在很多游戏中，时间和空间也可能是资源，可能被消耗和压缩。比如赛车和棋牌游戏中的时间和《俄罗斯方块》中的空间等，这种时空资源和场景中的时间或空间不同，在场景中，时间和空间是叙事背景，可以被选择或改变，但不会被消耗
11	道具	可以被角色直接操作、利用或对其属性产生某些影响的，可以随身携带的资源 例如：《大富翁》游戏中的卡片，《反恐精英》中的武器装备等 道具的偶然性是指在游戏中将出现的（或游戏者可以拥有的）道具的种类和数量对游戏者来说是不可完全预测的

续表

序号	词汇	释义
12	时间	时间资源的偶然性是指在游戏中游戏者可能拥有的时间总量对游戏者来说是不可完全预测的 例如：得到、使用或装备某些道具会增加或减少时间
13	空间	空间资源的偶然性是指，在游戏中游戏者可能拥有的空间总量对游戏者来说是不可完全预测的 例如：得到、使用或装备某些道具会增加或减少空间
14	其他	其他资源的偶然性是指，在游戏中将出现、提供或游戏者可以拥有的，除道具、时间和空间以外的，其他资源的种类和数量对游戏者来说是不可完全预测的 比如某种有助于决策的信息
15	任务进程	任务进程是任务的具体表现形式，由若干挑战或事件组成，其偶然性是指何时何地发生何种挑战或事件对游戏者来说是不可完全预测的
16	发生条件	某个任务进程的发生，可以无需任何条件（无条件），也可以由某种条件触发（有条件）
17	无条件	无论游戏者如何选择、决策或操作都会发生的固定的任务进程
18	有条件	当满足一定的条件才会发生的任务进程 这些条件涉及游戏的多个方面 例如：角色属性、绩效和拥有的资源等
19	结果影响	某个任务进程的完成情况对游戏任务发展的影响 可以分为纵向发展和横向分支两种方式
20	纵向发展	该任务进程的完成将会影响游戏任务向前推进的程度
21	横向分支	在多分支任务游戏中，该任务进程的完成将会影响任务向哪个分支发展，即得到不同的任务
22	任务设置	任务进程是如何被设置的 可分为：预定和非确定
23	预定	游戏者进行何种任务进程完全由设计者预先决定
24	非确定	游戏者进行何种任务进程在一定程度上是随机或根据其表现决定的 比如：玩家水平越高，任务越难越复杂
25	执行结果	任务最终完成后的结局方式 分为：收敛、半开放和开放三种方式
26	收敛	所有游戏者或同一游戏者各次完成任务后获得同样或类似的结局，即便游戏者绩效会有所差异
27	半开放	所有游戏者或同一游戏者各次完成任务后结果不尽相同，但在一定程度上具有相似性，但任务结局可能存在一定自由度或差异，这种差异可以由绩效差异引起
28	开放	所有游戏者或同一游戏者各次做出的不同决策会极大影响任务进程及其结果 任务结局可能存在较大自由度或差异
29	信息缺失	游戏系统故意对其中的故事结构和事物的相关信息进行地不完整表征 包括：叙事碎片和信息碎片
30	叙事碎片	游戏系统在叙述游戏故事时，故意设计的故事内容与结构的不完整性，以激发玩家探索的欲望 包括：内容碎片、情境碎片和角色碎片

序号	词汇	释义
31	内容碎片	在叙述游戏故事时，故意只交代故事的部分内容 全部情节的展开有赖于游戏者对游戏的全面探索
32	情境碎片	在叙述游戏故事时，系统故意只呈现部分故事情境，例如《红色警戒》和《帝国时代》中被"迷雾"遮蔽的地形
33	角色碎片	在叙述游戏故事时，系统故意只提供部分角色的（部分）信息
34	信息碎片	游戏系统在显示某些事物的信息时，故意不给出全部信息而造成的信息不完整和不确定性
35	常量	所有游戏者无论用任何方式来进行游戏，任务发展到哪个阶段，信息的缺失程度总是一个常量 例如：大多数扑克牌游戏中，对手手中的牌的数量始终是已知的，而牌面内容总是未知的，并且随着牌局的进展这种情况总是不变的
36	变量	信息缺失是不同的操作行为和游戏进程的某种函数 例如：在《魔法门之英雄无敌》《红色警戒》《塞尔达传说》和《王者荣耀》等游戏中，对手（其他游戏者或者NPC）的信息（能力、行踪及目标等）是随时在变化的；军棋类游戏中，在开局阶段，对手棋子信息缺失程度达到最大化，然后随着交战进行而逐渐减小
37	数值碎片	游戏系统故意不将某些事物的信息数值提供给游戏者 例如：在很多策略类游戏中，在任务的开端阶段，系统往往只提供对手的部分数值信息给游戏者，比如一般不会提供兵力和兵种的具体情况
38	空间碎片	游戏系统故意不将某些事物的全部空间位置，或者全部场景的情况提供给游戏者 例如：《红色警界》等即时战略游戏中，在任务的开端阶段，对手的位置和部署情况被"迷雾"遮挡，对玩家是不可见的
39	产生时机	指某个悬念于何时被产生
40	阶段悬念	阶段悬念既可以是产生和解除于游戏发展过程中的某一阶段的，也可以贯穿游戏发展的始终 （示意图：Start → End）
41	层叠悬念	在情节的发展中不断涌现的一个个小悬念
42	嵌套	在悬念之中又有悬念，类似于堆栈的先进后出 例如：在悬念A尚未揭开时又抛出悬念B，然后先揭开悬念B再揭开悬念A （示意图：A B → B A）
43	交叉	先后两个悬念互相交叉，类似于队列的先进先出 例如：在悬念A尚未揭开时又抛出悬念B，然后先揭开悬念A再揭开悬念B （示意图：A B → A B）

四　特征蛛网图

根据以上模板中的要素，可以得出如图 7—8 所示的悬念（S）维度的特征蛛网图。设计者在脚本设计完成后，就可以根据各要素的实际实现情况得出具体分值，然后连接这些得分值所在的点就可以画出如本章图 7—5 一般的蛛网图，对悬念（S）的设计情况做出一个直观综合的评估。

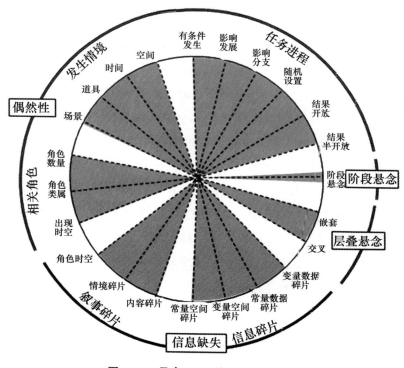

图 7—8　悬念（S）维度特征蛛网图

第四节　决策（D）维度设计

一　概述

为适应环境压力而更好地生存，有机体时刻都在感知外部和自身状态，这种内外交加的感受构成了"应要什么""想要什么"和"能要什么"这一综合判断的能量和信息基础，在此基础上，神经系统中的多巴胺、肾上腺素、去甲肾上腺素、皮质醇、谷氨酸、血清素等神经递质为争取更优化的内稳态（Homeostasis）① 和更好的生活，持续分泌、相互配合、不断驱动主体采取合适的行动，如捕食、逃跑、战斗、静息和交配等。如前所述，多巴胺参与的"欲望回路"和"控制回路"相辅相成，既促使人们积极规划、面向未来，又掌控行动、理智行事，并对行动的成效随时进行监控和评估，以此作为接下来如何行动的判断依据。综合来看，高级生命的这种在生存压力的驱动下、不断感知、随时预测，并指导下一步行动的综合行为就是——决策（Decision-making）。

广义而言，决策是人类最复杂也是最基本的一项活动，是个人工作生活和社会实践活动中有意识和无意识的全部行动先导，换句话说，人们几乎无时无刻不在决策。尽管不同领域的决策在具体内容和形式上差别较大，但就其心理认知的本质来说，都是一个为了应对压力和挑战，从感受、思维到做出决定的过程。狭义而言，决策是具有理智的个人或群体按照某种目的所做出的行动决定，或者说是对未来实践的方向、目标、原则和方法所做的决定②。其方式和过程往往表现为在两个或更多的方案中进行选择。决策问题涉及人类生活的各个领域，如衣食住行、学习娱乐、经营管理、军事指挥、工程建造、科学研究、设计开发和体育比赛等，可以说，从日常生活和工作的细枝末节到改造自然与社会的巨大变革，人们随时都在决策。

电子游戏同样离不开决策。首先，从游戏的本质属性上来看，游戏是对人类各种活动行为和社会情境的模拟和延伸，其基本的逻辑与规范乃是社会伦理和自然规律在数字世界中的映射，因此游戏的进行和上述社会活动一样，也是一个不断决策的过程；其次，从博弈论的角度看，游戏的展

---

① Homeostasis 又译为体内平衡，是一种生命自我调节的动态平衡过程，生物体面对不断变化的外部条件，将血压、体温、心率、免疫、酸碱度等生命基本要素协调和控制在一个特定的范围内，从而维持正常的生命活动。

② 陈益升、孔昭君编著：《决策与科学》，科学技术文献出版社 1994 年版，第 3、4 页。

开实际上是进行某种"人—机""人—事"或"人—人"决策对抗的博弈过程，游戏的最终结果是由双方决策的总和决定的；最后，从行为操作层面来看，无论是在传统游戏中出牌落子、猜拳行令，还是在电子游戏中操纵鼠标在屏幕上精确定位，抑或是用键盘在菜单之间斟酌取舍，再或者用虚拟装备在 VR 情境中比划腾挪，游戏者同样时刻面临决策。也正是通过不断决策这样一种方式，游戏者才真正获得对游戏的掌控，在回应压力和悬念造成的各种挑战的同时，获得游戏带来的享受和体验。

当然，正如前文所述（参见第六章第一节），并非任何对于游戏的操作行为都是决策，只有那些可能对游戏的进程产生或多或少影响的操作才能算是决策。比如：类似于扫雷游戏中"插旗"一类的操作，提供的是决策的辅助标示，标示随时可以撤销，又不会对任务进程有直接影响，因而这种操作并不是决策。

现实生活中的重大决策，往往会对决策者本人或他人的行为或社会状态产生实质性的甚至是不可逆转的影响，因此真实决策追求一次成功率，所谓"当机立断""机不可失、时不再来"，错误或不当决策虽然具有重要的经验意义，但代价也可能及其沉重。在游戏中，当挑战和任务设置得当，就会让游戏者体验到某种压力、意义和目标感，进而全身心投入，此时其决策过程中所要付出的努力及其心理感受与真实决策并无二致，失误的代价也一样会令游戏者深感痛惜，但游戏的最终结果却无关现实的紧要（此处的讨论只关注前文讨论过的以自身体验过程为目标的纯粹的游戏，而不包含以比赛或功利性结果甚至赌博为目标的游戏），不会直接影响玩家的真实生活，而决策时所产生的认知和心理过程及其结果却仍能成为一种宝贵的身心体验和学习经历。因此，设计良好的游戏决策系统及其操作方式是人机（际）互动以及游戏者表达自我的重要途径，它不仅直接关系到游戏者能否更好地掌控游戏，而且对能否借此激起游戏者的兴趣来深度体验游戏，从而充分发掘自己的潜力和想象力，乃至获得理想中的心流体验至关重要。

二　设计模板

表 7—8　　　　　　　　　决策（D）维度设计模板

一级子项	二级子项	三级子项	实现形式		
决策方式	决策者	—	A 个人		B 团队
			序号：		
			具体描述：		
	方案选择	角色相关	具体描述：		
		资源相关	具体描述：		
		任务相关	具体描述：		
		其他选择	具体描述：		
	自由操作	路径操作	具体描述：		
		动作操练	具体描述：		
		其他	具体描述：		
	制品产生	产生方式	A 游戏工具		B 其他工具
			序号：		
			具体描述		
		绩效影响	A 绩效相关		B 绩效无关
			序号：		
			具体描述：		

三　词汇表

表 7—9　　　　　　　　　决策（D）维度词汇表

序号	词汇	释义
1	决策方式	指决策者用何种形式进行游戏任务决策 包括：方案选择、自由操作和制品产生三种方式 注：制品是指玩家按游戏任务的要求自己创造或生成的某种作品
2	决策者	游戏任务如何执行的最终决定者，可以是个人也可以是多人组成的团队

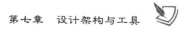

续表

序号	词汇	释义
3	个人	任务如何执行由游戏者单独决定
4	团队	任务如何执行由多个游戏者所组成的团体或小组共同决定 见于团队协同的游戏
5	方案选择	指游戏系统以菜单或其他形式提供几种方案供游戏者选择 包括：角色相关、资源相关、任务相关和其他选择
6	角色相关	选择的内容与角色相关 很多角色扮演、策略经营类游戏通常要在开局时选择自己掌控或扮演的角色及其属性 例如：《大航海时代》《三国演义》和《王者荣耀》等
7	资源相关	选择的内容与资源相关 大多数游戏在进行过程中都会需要收集、选择或使用某个道具或装备 例如：《超级马里奥》中的蘑菇，《帝国时代》的矿产等
8	任务相关	选择的内容与任务相关 很多角色扮演、策略经营类游戏都有不同的任务线供玩家选择 选择方式不一，可以通过菜单或行进路径
9	其他选择	除角色、资源和任务外的其他选择
10	自由操作	不同于菜单一类的明显的选项或选择方式，而是以某种相对隐性的方式进行决策 这类隐性的选择方式包括路径操作和动作操练
11	路径操作	游戏者通过操作操纵杆、（手机或pad）触摸屏、键盘和鼠标，对角色的行进路线进行控制 这种方式强调路线的判断和选择，经常被探险类RPG采用 例如：《仙剑奇侠传》《魔法门之英雄无敌》和《塞尔达传说》等
12	动作操练	游戏者通过对手柄、操纵杆、键盘鼠标或虚拟设备的操作对角色的动作进行的控制 这种方式强调动作的连贯、谐调和精确，常被射击、动作类游戏采用 例如：《魂斗罗》《极品飞车》和任天堂的WII等
13	制品产生	游戏者需要利用某种工具产生某种输出或制品。例如：方案、报告或日志，包括产生方式和绩效影响
14	产生方式	指制品是利用何种工具产生的，工具可以分为：游戏工具和其他工具
15	游戏工具	指游戏提供自带的工具给游戏者进行制品的创作
16	其他工具	制品的创作需要利用游戏系统以外的工具 例如：Office软件、AI工具等（这种方式多见于需要输出学习结果的教育游戏）
17	绩效影响	指游戏者创造的制品对其绩效评价有无影响 包括：绩效相关和绩效无关
18	绩效相关	指游戏者创造的制品对其绩效评价有某种程度的影响 例如：制品的质量越高，绩效越高
19	绩效无关	指游戏者创造的产品对其绩效评价没有影响

四　特征蛛网图

根据以上模板中的要素，可以得出如图 7—9 所示的决策（D）维度的特征蛛网图。设计者在脚本设计完成后，就可以根据各要素的实际实现情况得出具体分值，然后连接这些得分值所在的点就可以画出如本章图 7—5 般的蛛网图，对决策（D）的设计情况做出一个直观综合的评估。

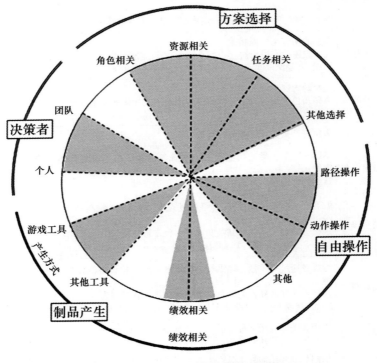

图 7—9　决策（D）维度特征蛛网图

第五节　成就（A）维度设计

一　概述

如前所述，多巴胺是面向未来的欲望分子，其功能是对行为成效预测的误差进行评价，即奖励预测误差评价 RPE。误差为正，即真实收益比预期的大，多巴胺会分泌更多，反之多巴胺则分泌则减少。试想你开一个盲盒，如果之前预测是盒小饼干，结果却开到一个大蛋糕，那么你的多巴胺会瞬间飙升，好大一个惊喜不是吗？于是满怀兴奋的你会盼望下一个盲盒。但如果接下来都运气不再，盲盒中连一盒小饼干都不是，就几颗普通水果糖，甚至就是一句"谢谢参与，再接再厉"的温馨鼓励，那么慢慢地你肯定会兴味索然了。在这个意义上，由多巴胺驱动的对于更多成功或成就的渴望，当之无愧是游戏吸引力的又一个重要来源。

　　广义上说，成就（Achievement）是一个笼统的说法，一般指成功实现了的事物，常暗含个体为达到某个目标，要恰当地运用某种技能，并付出相当努力的意蕴。当然也可以理解为实际行为经过了某种评估后的回报，这种行为的反馈可以是精神的也可以是物质的，或二者兼而有之。评估既可以是某种天然经历的，被自然法则或规律进行的检验，例如斑马被狮子捕猎时拼命逃脱、狮口余生显然是种成功；也可以是某种人为作用的，以社会或人造系统中的制度或原则为标准进行的评价，例如学生在学业考试中取得的成绩；抑或是二者的结合，即：以前者为基础，后者下结论，例如短跑运动员在百米竞赛中夺冠，此时奔跑速度是自然法则，最先到达终点的人获胜则是社会规则。

　　不言而喻，人们所可能取得的成就及与此相关的行为活动，既受到外部评价的影响，也受到自身持有的成就观的制约。现代心理学认为，从动机的角度看，人的行为受到其成就目标定向的影响。所谓成就目标定向指的是"在特定成就情境中的个人目标偏好"，又可分为绩效目标定向（Performance-goal orientation）和学习目标定向（Learning-goal orientation）两类①。一般来说，每个人都会同时受到两种目标倾向的影响，只是二者的强度因人而异罢了。有研究表明，绩效目标定向占优势的个体在行为过程中，有向他人展示自己才能和智力的意愿，并极力回避那些可能失败或

---

　　① Elliott, E. S. & Dweck, C. S., "Goals: An Approach to Motivation and Achievement", *Journal of Personality and Social Psychology*, Vol. 54, 1988, pp. 5-12.

暴露自己低能力的情境，倾向于参照群体来评价自己的成功。而学习目标定向占优势的个体在行为过程中，注意力集中在对任务的把握和理解上，把自身能力的提高和对任务的掌握程度作为成功的标准，失败被看作寻求解决问题的方法和达到特定目标的有效途径①。

SS-DA 模型中的成就（Achievement）这一要素的实现和表现方式，是对真实社会生活绩效的某种模拟。游戏中的成就是一个双向指标，能实现正向的奖励和负面的惩罚这两个普通成就评价所具有的共同要素，比如在传统空战游戏中，当玩家击落了敌机，其经验、分数和等级等成就就会增长，甚至通过关卡或完成任务，这是一种阶段性的正向成就；当被敌机击中时则会失血、掉分、坠落甚至任务失败，这可以认为是糟糕的负向成就。另外，成就也能实现普通评价所追求的一些特性，例如：合理、准确、公平、及时等。最后，由于人机（际）交互系统的可设计性，使得兼顾不同风格的成就目标定向成为可能。

在 SS-DA/RSTR 架构中，要实现上述对真实世界成就的模拟，显然还需要其他要素如任务、资源和角色系统的共同作用。另外，如果以成就目标定向理论的视角来考察心流体验则会发现，技能与挑战的平衡实际上为过程性绩效的获得和任务的最终完成奠定了基础，而且在游戏者的潜意识中，又时刻在享受已经练就的熟练技能所带来的每一个细微的阶段性成就——得心应手的掌控感，并醉心于这种技能的进一步熟练和提高。这其中以一些动作游戏中特有的讲究准确、巧妙、连续和有效性的成套操作最为典型，譬如著名格斗游戏《街头霸王》中的必杀技和超级连招的运用。

综上可以看出，由于 SS-DA/RSTR 架构可以对各要素做比较细致的调节，从而对游戏发出的挑战之产生方式和程度，与游戏者掌握的应对技能之间的关系，进行较为有效的调节和控制，使它们始终处于一种微妙的动态平衡之中，因此无论游戏者的成就目标定向是绩效目标还是学习目标，只要系统设计得当，都有可能在玩游戏时获得心流体验。

① Dweck, C. S. & Leggett, E. L., "A Social-Cognitive Approach to Motivation and Personality", *Psychological Review*, Vol. 95, 1988, pp. 256-273.

二 设计模板

表 7—10　　　　　　　　　　　成就（A）维度设计模板

一级子项	二级子项	三级子项	实现形式			
表现方式	任务奖惩	成败确认	具体描述			
		任务选择权	A 成功获得	B 失败获得		C 无
			序号：			
			具体描述：			
		其他奖惩	具体描述：			
	资源增加	时间	具体描述：			
		空间	具体描述：			
		道具	具体描述：			
		其他	具体描述：			
	角色变化	绩效变化	A 经验	B 积分	C 等级	D 其他
			序号：			
			具体描述：			
		属性变化	A 技能变化	B 造型变化	C 其他变化	D 无
			序号：			
			具体描述：			
影响因素	任务影响	任务难度	A 难度无关		B 难度相关	
			序号：			
			具体描述			
		完成质量	A 资源消耗	B 任务要求		C 其他指标
			序号：			
			具体描述：			
	绩效影响	—	A 绩效无关		B 绩效相关	
			序号：			
			具体描述：			

三 词汇表

表 7—11　　　　　　　　　　成就（A）维度词汇表

序号	词汇	释义
1	表现方式	成就的表现方式，即以何种方式来体现游戏者在游戏世界获得的成功 包括：任务奖惩、资源增加和角色成长等三种方式
2	任务奖惩	指游戏者在任务执行结束后得到的关于任务执行成效的评价 包括：成败确认、任务选择权和其他奖励
3	成败确认	游戏者完成任务后，游戏系统以某种方式对任务是否完成及完成质量进行确认和评价 例如：以"祝贺"或"遗憾"等用语表示任务是否完成，以"点亮成就星"的数量或以"优良中差"一类的方式评价完成质量
4	任务选择权	游戏者在执行完任务后获得了对下一步任务的选择权 包括：自动获得、成功时获得和失败时获得
5	自动获得	任务成功后游戏者自动获得进入下一个任务的权利
6	成功获得	任务成功后所获得的选择任务的权利 例如：成功时可以选择更难、更有趣或自己喜欢的任务
7	失败获得	任务成功后所获得的选择任务的权利 例如：失败时可以选择容易一些的任务，给玩家自主性的任务选择权在教育游戏设计中尤其有必要，这将更有利于学习动机的保护和激发
8	其他奖惩	游戏者完成任务后获得的其他形式的奖惩 例如：解锁或增加隐藏的支线任务
9	资源增加	在任务执行的过程中，游戏者由于成功进行了某项决策而获得资源 增加的资源包括：时间、空间、道具、装备和其他
10	时间	任务的完成有时间限制 这种时间是会被消耗或不会自动获得的 当游戏者进行了某项决策后，会被奖励（获得额外的）或惩罚（失去原有的）一些时间 例如：很多有时间限制的关卡型游戏会设置一些影响增加或减少时间的道具作为奖励或陷阱
11	空间	任务的完成有空间限制 这种空间是会被消耗或不会自动获得的 当游戏者做了某项决策后，会被奖励（获得额外的）或惩罚（失去原有的）一些空间 例如：有些有空间限制的关卡型游戏会设置一些影响增加或减少空间的道具作为奖励或陷阱

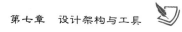
序号	词汇	释义
12	道具	任务的完成受到或需要某种道具的限制或支持 这种道具是会被消耗或不会自动获得的 当游戏者进行了某项决策后，会获得、使用或失去原有的道具 道具的数量一般有限制，取值范围是 0 到某一个自然数 使用是指为完成某种任务而应用道具，并产生特定功效 例如：飞机或坦克大战一类的游戏使用某种超级"装甲"或"炸弹" 失去一般是指玩家主动或被迫放弃道具 例如：角色被允许携带的装备到达上限而丢弃或换装其他道具 失去的道具一般不发生任何功效
13	角色成长	随着任务的进行，游戏者控制的角色取得的各种可见或不可见的进步（倒退）和由此带来的变化的总和 包括绩效变化和属性变化
14	绩效变化	绩效是衡量成就的最重要指标，一般体现在角色成长中，是游戏者所控制的角色取得的量化成就 绩效变化是双向的，既可以是增加也可以是减少 绩效一般包括但不限于经验值、积分、等级和其他（如生命值、血量等）
15	经验	衡量角色的能力、属性和任务经历的量化指标 通常只要经历了某个任务就会有一定的经验值 任务成败对经验值的大小可能有影响，一般来说任务成功获取的经验值更多，反之经验值更少
16	积分	衡量角色任务完成质量的量化指标 通常要完成某个任务才会获得一定的积分 一般任务完成的质量会影响积分的多少 在某些游戏中，经验和积分常被作为同一个概念使用 一般可分为总积分和单次任务积分
17	属性变化	游戏者控制的角色取得的非（半）量化成就 包括：技能变化、造型变化和其他
18	技能变化	游戏者控制的角色拥有的技能或其他品质的变化 例如：《魔法门英雄无敌》等策略类游戏中，角色的攻击、防护和行动能力会在成功完成任务后逐渐提高
19	造型变化	游戏者控制的角色的造型随成就的提高而变化 这种变化常常使得游戏更加真实和有趣 例如：《超级马里奥》等操作类游戏中，马里奥"吃了"蘑菇会变大，大多数空战游戏中，玩家控制的飞机"吃了"某种奖牌会变大、变强和变快
20	影响因素	在执行某个任务时，影响游戏者成就大小的因素 包括：任务影响和绩效影响
21	任务影响	与任务相关的因素对游戏者成就大小的影响 包括：任务难度和完成质量

续表

序号	词汇	释义
22	任务难度	所执行的任务的难度对于成就的影响 包括：难度无关和难度相关
23	难度无关	任务难度对成就的大小无影响
24	难度相关	任务难度对成就的大小有影响 例如：任务难度越大，获得的成就越大
25	完成质量	任务完成的质量好坏对于成就的影响 包括：资源消耗、任务要求和其他指标
26	资源消耗	指完成任务时，资源的消耗量对任务完成质量的影响 比如：同样的任务，资源消耗量越大，任务完成质量越低 资源包括：时间、空间、道具和其他
27	任务要求	以各项任务指标或要求的完成程度评价任务的完成质量 例如：达成的指标越多或越高，任务的完成质量越高
28	其他指标	完成任务时，除资源消耗和任务要求外的其他因素对任务完成质量的影响
29	绩效影响	在完成任务时，游戏者已经取得的绩效对即将获得的成就的影响 包括：绩效相关和绩效无关
30	绩效相关	在完成任务时，游戏者原有的绩效水平对即将获得的成就有影响 例如：在完成同样难度的任务时，游戏者的绩效水平越低（比如等级越低，获得的成就越高
31	绩效无关	在完成任务时，游戏者原有的绩效水平对即将获得的成就没有影响 例如：任何绩效水平的游戏者完成同样的任务将获得同样的成就

四 特征蛛网图

根据以上模板中的要素，可以得出如图7—10所示的成就（A）维度的特征蛛网图。设计者在脚本设计完成后，就可以根据各要素的实际实现情况得出具体分值，然后连接这些得分值所在的点就可以画出如本章图7—5般的蛛网图，对成就（A）的设计情况做出一个直观综合的评估。

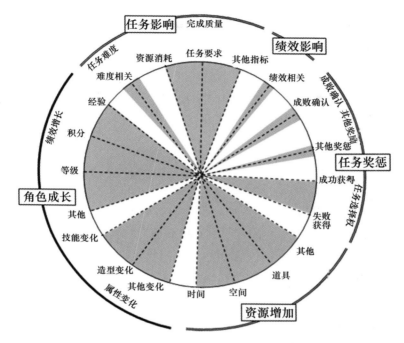

图7—10 成就（A）维度特征蛛网图

结 论 与 展 望

构成我们学习最大障碍的，是已知的东西，而不是未知的东西。

——J. D. 贝尔纳《科学的社会功能》

一　研究结论

著名瑞士心理学家皮亚杰（Piaget）认为游戏是认知发展的基础，是思维的一种表现形式，其发展水平与儿童智力的发展水平相适应，因此，"玩"可以看作是一种"完全实践性的智力"①；荷兰哲学家赫伊津哈（Huizinga）则断言游戏不但是影响儿童认知的重要因素，也是一种重要的甚至比文化更早出现而无处不在的社会要素，在"游戏中一切都在运动、变化、交替、接续、联合、分离。而跟游戏受时间限制直接相关的，还有一个更奇妙的特征：和文化现象一样，游戏同时具有固定形态。游戏一旦玩过，就作为心灵的新鲜创造延续下来，珍藏于记忆之中。它传播开来，形成传统"②。可以说，游戏无论在个体的认知发展还是人类整体的文明演进中都扮演着重要角色。

信息时代以前，游戏一般都是在真实物理环境中进行的直接的人际活动，形式上大多是按照前人制定的传统规则开展；对游戏的探讨，要么在形而上的层面对诸如本质、特性之类的抽象概念进行思辨性哲学思考，要

---

① ［瑞士］让·皮亚杰：《儿童的心理发展：心理学研究文选》，傅统先译，山东教育出版社 1982 年版，第 28 页。

② ［荷］约翰·赫伊津哈：《游戏的人：文化的游戏要素研究》，傅存良译，北京大学出版社 2014 年版，第 9 页。

么从博弈论的角度对某个特定游戏（例如围棋、桥牌甚至赌博）的技能战术进行钻研，而鲜有从活动结构的层面对游戏的角色属性、行为规则、交互过程，乃至设计开发等要素及其最终形成的整体功能，以及对游戏参与者的心理影响做专门的研究。

信息化和人工智能时代，非人格化知识和智能的分布式和自迭代特征日益明显，其自身似乎正朝着一个新的生态系统演进。游戏与时俱进，在信息化和智能化平台上演化得日益复杂，逐渐形成了自己完整的运行机制和产业形态，也不同程度产生了网络成瘾、游戏成瘾等新兴社会问题，进而深刻地渗透到社会经济和文化发展之中。同时，人们对游戏的需求已不只是劳动生产之外、茶余饭后的简单放松，而是希望将之和其他信息交互方式和技术无缝地融入日常生活和学习工作之中。这种日益重视自身感受的趋势，甚至逐渐影响到了教育、经济和相关产业的发展，体验式教育和体验式消费越来越显现出推动新型经济发展的强劲潜力。

从心理与信息互动层面研究游戏构成要素及其相互关系，提炼游戏吸引力，使之成为一种可以把控、设计和应用的运行机制，将在创新教育和体验经济领域具有更深刻的现实意义和广阔的应用前景。笔者认为，不只是对娱教项目和教育游戏设计会有所裨益，实际上对于任何希望营造富有魅力的人际活动或创新性的体验式学习环境的设计者而言，该机制也许都是一个可资参考的富有新意的思维框架。

本书对此进行探讨后主要形成如下两方面的具体结论：

（一）游戏成瘾原理及其应用潜力

所谓游戏成瘾是一种简洁而难免粗糙的标签，与其将其视为某种可以进行量化研究的心理学问题，不如将其视为一个更需要人文关怀的复杂社会问题，它是多方面因素综合作用的结果，游戏与游戏者及其所处的社会环境是主要因素，玩游戏时产生的从"想要"到"心流"的心理体验既是游戏成瘾的客观基础，也是游戏能够产生吸引力的根源所在，各要素具体表现如下。

第一，外部环境——家庭和社会环境。当游戏者（尤其是青少年）产生某种学业或生活上的危机或障碍时，在家庭成员、师生等社会共同体之间如果缺乏有效的沟通，难以形成适当的解决办法，则打游戏和上网往往成了青少年寻求交流、逃避压力和宣泄情感的最好途径；

第二，交互机制——主体与游戏的互动。游戏所营造的虚拟环境可能为人们提供了一种由多巴胺、内啡肽等神经递质共同作用的、从普通的"想要"的欲望，到在日常生活中难以领略的巅峰体验——心流（Flow），游戏者因此获得极大的心理满足感，逐渐对游戏产生浓厚兴趣直至难以抑制的向往，这正是游戏魅力的根本来源；

第三，主体个性——游戏者个性特点。游戏和网络虽然迷人，但并非所有使用者都会上瘾，相对来说性格过分内向敏感、交际困难的人更容易在出现社会性危机时，把虚拟世界当成逃避现实、发泄情感的地方，而最终导致游戏成瘾。

（二）SS-DA 是游戏产生吸引力的基本机制

本书重点关注的是由技术驱动的主客体交互机制对心理体验的影响，具体而言，游戏中存在的 SS-DA 循环，是一种支持其使用者获得心流体验的信息互动机制，这种机制的存在使得游戏具有某种独特的吸引力，并且由于其实现方式各不相同，各种游戏对游戏者的吸引力也不尽相同。该机制运作方式如下：

（1）游戏中存在某种形式的 SS-DA 循环：

① 游戏产生压力（Stress）和悬念（Suspense）；

② 游戏者做出相应决策（Decision making）；

③ 游戏进行判断与评价，给出游戏者成就（Achievement）；

④ 重复步骤①。

（2）压力、悬念、决策和成就等四个要素构成一种相互影响和制约的交互关系，它们的变化将影响游戏者对游戏的感受和评价；

（3）当循环的任何一个步骤被终止，则整个循环被破坏，游戏吸引力机制被打破。

对设计构思和创意而言，这一机制只是一种总体原则、建议或思维框架，但通过进一步利用 SS-DA/RSTR 架构及其衍生工具，如设计模板、词汇表和特征蛛网图，则可以为教育游戏等娱教项目或产品的设计和开发提供具体支持，从而在一定程度上增加其趣味性、吸引力和体验感。

二 展望

（一）教育元宇宙

美国科幻作家尼尔·斯蒂芬森（Neal Stephenson）1992 年在其赛博朋克流科幻小说《雪崩》一书中首次提出"元宇宙"（Metaverse）的概念①。这是一个由科技发达而混乱喧嚣的现实世界和数字化的虚拟空间融合而成的世界，现实世界中的人们可以通过佩戴虚拟现实的体感设备进入无拘无束的数字化平行世界（Cyberspace）。而后此类题材的游戏（如《第二人生》《模拟城市》和《我的世界》）和影视剧（如《阿凡达》《西部世界》和《头号玩家》）不断涌现；2021 年 3 月沙盒游戏平台 Roblox 则首次将"元宇宙"概念写进招股说明书并在纽交所成功上市，引发人们关注热潮，形成"元宇宙"现象；到 2021 年 10 月，Facebook 高调宣布公司改名为 Meta（据说灵感来源为元宇宙英文 Metaverse 的前缀），至此元宇宙的关注度达到最高潮。

自由是人类的高级追求，元宇宙概念的魅力在于人们的心灵似乎终于可以突破肉体的限制，不受物理法则的束缚，在更加广阔无垠的世界尽情翱翔：从工作经济、社交互动、游戏娱乐到教育健康，体验一种前所未有的精神旅行。从 2022 年开始，教育元宇宙的概念迅速走红，人们希望从虚拟仿真、XR 教学、智慧教学场景和管理平台等方面取得突破②，以使学生获得更加丰富和真实的教学体验，与此同时各类研究论文和报告如雨后春笋般生机勃发，关注热度一时无两。

然而理想丰满现实骨感，即便从世界范围内看，几年过去后较为理想

① ［美］尼尔·斯蒂芬森：《雪崩》，郭泽译，四川科学技术出版社 2009 年版。
② 教育部学校规划建设发展中心教育数字化产学融合组织等：《2023 教育元宇宙发展研究报告》，2023 年，第 36 页。

的教育元宇宙产品似乎仍付阙如，热度亦逐渐消散。即便不谈可持续的商业和盈利模式，其最大的阻碍因素至少还有两个：一是技术，在元宇宙的技术架构和虚拟设备等软硬件基础设施没有突破性进展之前，要想让用户获得真实而愉悦的沉浸感恐怕暂时不容乐观。例如曾备受瞩目的苹果公司的 Apple Vision Pro 也因佩戴体验、识别准确性、电池续航等技术问题和高昂的价格逐渐遇冷；二是内容，这个因素更加复杂，也是本书关注的重点。人们身处真实的物理世界，感官体验是自然而完全沉浸的，到虚拟空间无非是寻求更加丰富和真实世界无法给予的体验，那么教育元宇宙的内容应具备什么特点呢？

应该是既有益又有趣。

人类的学习始于真实情景中的感知和互动，并将这些刺激不断抽象、归纳而至形式化的逻辑和科学知识。而后者又会反哺前者，形成互动，不断完善。据说 2024 年诺贝尔化学奖获得者大卫·贝克（David Baker）、德米斯·哈萨比斯（Demis Hassabis）与约翰·江珀（John Jumper）就曾受到游戏的启发，他们发现，蛋白质折叠这项工作具有明确的目标、规则，在一定程度上恰好构成了游戏的要素。他们进行了一项大胆尝试创建了基于科学内容的众包功能游戏 Foldit。游戏允许用户以闯关形式，将氨基酸的"链"折叠成适当的三维形状，再由科学家检验结果。它富有趣味，简洁易懂，很快吸引了全球几十万没有科学背景的普通用户加入，可以说在某种程度上开创了一种科学研究的"游戏化方法"。

符号化或形式逻辑知识创造了无数奇迹，是人类最引以为傲的智能成就和精神财富，其价值及传承的意义无需多说，一直是学校或正规学习的核心内容。但近年来，为了追求漂亮的标准化和量化成绩，教学和学习从追求真善美，越来越多地转向追求高效的得分，内容严肃的学习也渐渐成为最令大多数学习者窒息的活动。无休止的作业和竞争使得学习的目标、内容、形式和意义日益狭隘，使学习者越来越冷漠甚至绝望，再也无心无力去探究和体验世界的奇妙和意义。

因此如果要创建一个让学习者真正感到愉悦，能激发其主动学习、爱上学习的虚拟空间，显然就不能再重复真实世界中人人挤在同一个赛道、拼命进行淘汰性竞争的功利化法则，而应给予用户足够的自由、新奇、掌控和成就体验。进一步说，对于大多数成年人，毋庸讳言的是，现实世界既内卷激烈而又平淡无奇，即便年少时内心曾充满热血和憧憬，但在日渐沉重的现实压力下也无可奈何，好奇心、求知欲和成就感日渐消磨，无聊感、无力感却与日俱增，稍不留心就可能被现实"重锤"，遑论什么终身学习。

于是，如果有一个基于现实法律和道德的框架，能够提供丰富真实的学习体验、足够的掌控感和成就感，可以放飞心灵而又不会做出或受到现实伤害的虚拟空间，对人们获取积极的精神价值将是不言而喻的。希望本书所提出的 SS-DA 吸引力模型对构建这种既有趣又有益的教育元宇宙能尽绵薄之力。

（二）人工智能协同

本次 AI 浪潮出现之前，人们一般认为，从感性到理性再到设计是人类独有的高级能力，越是知识和设计密集型的领域 AI 应该越难以胜任，相应的工作岗位也越难以被取代，而游戏创作正好是这样一个领域。因为好的游戏既是一门技术也是一门艺术，是一项需要文学艺术、故事创编、媒介设计和软件开发等各种技术整体协作的，似乎只有人类才能完成的复杂工程。然而，AIGC（AI-Generated Content，利用人工智能技术来生成内容）的异军突起似乎使这一"游戏规则"陡然改变。

2023 年底，社交平台 X（原名 Twitter 推特）用户 @javilopen 发布了一个小游戏《愤怒的南瓜》（Angry Pumpkins），该游戏模仿曾风靡一时的《愤怒的小鸟》（Angry Birds）。作者宣称独自一人利用 AI 花 10 小时制作了这款游戏，从素材生成，到核心代码编写，都使用 AI 工具完成，自己没写过一行代码，游戏截屏见图 8—1。

"Wooden box. Item assets sprites. White background. In-game sprites"
"Skeleton bone. Large skeleton bone. Item assets sprites. White background. In-game sprites"
"Rectangular stone. Item assets sprites. White background. In-game sprites"
"Wooden box. Large skeleton bone. Item assets sprites. White background. In-game sprites"
"Item assets sprites. Wooden planks. White background. In-game sprites. Similar to Angry Birds style"

图8—1 《愤怒的南瓜》游戏界面①

作者较为详尽地分享了制作方法：首先在 DALL-E3 中用"提示词"（Prompt）创作游戏主页图，再让 Midjourney 根据这张图片生成各个游戏角色和场景，最后用 GPT-4 编写全部代码。该游戏一经发布立即在网上掀起热议，3 天之内超过了 270 万浏览量，看着这个不可思议的 AI 杰作，连作者自己都不由得感叹：

我真的被震撼到了。老实说，我从来没想过这一切真的就这么发生了。我坚信我们正生活在一个迄今为止只在科幻电影中看到的历史时刻中。

这个全新的工作流程，让我们可以仅使用自然语言就能创建任何东西，将改变我们所知道的世界。

这是一场如此巨大的浪潮，那些没有预见到它到来的人将受到沉重打击。

规则似乎在一夜之间完全变了。

然而冷静下来，我们不禁要问：现在的人工智能真有能力独立创作这样一个有趣的游戏吗？

有 AI 专业网站为了一探究竟，照作者提供的教程做了一遍，而后感

---

① https://twitter.com/javilopen/status/1719363439955517499. 2023. 11. 03.

叹："亲自尝试之后发现，真的想要做出像样的游戏，远远没有想象那么简单"，"没有代码能力，没有游戏制作经验的人，这条路暂时还走不通"。

写代码编程不是本书的讨论范畴，我们只分析所谓"游戏制作经验"。

首先，任何一款优秀游戏，必须具备出色的创意。显然，"南瓜"从主题创意、艺术风格、发生场景和关卡玩法等所有方面完全克隆了"小鸟"，跳过了这一最需要创造能力的、"无中生有"又"万事开头难"的启动环节和主体设计中的各种细枝末节，直接进入编程这一后期技术实现阶段。

其次，将初始创意逐步具体化，这个过程是游戏设计的重点和难点。分析作者披露的部分给 AI 的"提示词"可以一窥这个过程的端倪。表8—1所示的任务"提示词"一部分用于场景搭建、一部分用于程序实现，实际情况要复杂得多，这里只是部分示意。

表8—1　　　　　　　《愤怒的南瓜》游戏设计"提示词"分析

任务	Prompt	提示词	生成效果
场景搭建	2d platform, stone bricks, Halloween, 2d video game terrain, 2d platformer, Halloween scenario, similar to angry birds, metal slug Halloween, screenshot, in-game asset	2d 平台、石砖、万圣节、2d 视频游戏地形、2d 平台游戏、万圣节场景、类似于愤怒的小鸟、合金弹头万圣节、屏幕截图、游戏内资产	
程序实现	Can we create a simple game in the style of Angry Birds?　Use YOUR MOUSE to launch a ball at an angle and force, then follow the laws of 2D physics to hit some stacked boxes	我们现在可以使用 Matter. js 和 p5. js 以《愤怒的小鸟》的风格创建一个简单的游戏吗？使用鼠标以某个角度和力量发射一个球，然后遵循 2D 物理定律击中一些堆叠的盒子即可	

不难看出，场景搭建中的"2d 平台、石砖、万圣节、愤怒的小鸟、合金弹头、万圣节、游戏内资产"等项目共同营造了游戏的发生情境，这些"提示词"指向的正是"RSTR 架构"（参见第六章第二节）中角色和情境

等设计要素，也就是说作者通过"提示词"指导 AI 设计了游戏情境；而"使用鼠标以某个角度和力量发射一个球，然后遵循 2D 物理定律击中一些堆叠的盒子即可"描述的是角色的任务及其交互方式，则是通过"提示词"指导 AI 设计游戏任务和规则；接下来，还要设计当任务"完成"和"失败"时，游戏进程如何分支和展开，以及获得多少、什么样的成就等等。

该游戏的迷人之处也正是在这种"魔幻"情境中，让玩家获得了一系列的压力、悬念、决策和成就的交互体验，但显然这一系列创作过程单靠 AI 是无法独立完成的，每一步都必须在"提示词"的指导下进行。换句话说，离开了人类脚踏实地对真实物理世界的感受力和由此发展出来的形而上的天马行空的想象力所共同孕育的创新性设计，并不理解真实物理世界和人类心理的 AI，是做不出这种在虚拟情境和真实物理法则之间无缝衔接，因而亦真亦幻引人入胜的优秀游戏来的。

AI 日益强大的能力毋庸讳言，但也必须清醒地看到，人类特有的感受，以及将现实世界的各种不同抽象级别的经验在大脑中进行加工整合，进而创造出有意义的崭新事物的能力，至少是现阶段的 AI 所不具备的，可以说，以存在为出发点的人类心理和行为及其背后的目的和意义，AI 还暂时不懂也无法创造。

本书所提出的游戏吸引力模型，来自对游戏成瘾这一独特人类体验和行为的探究，我尝试将从中获得的有益思考应用于更加复杂的领域——教育。显然，教育这个无人不在其中的社会性巨系统的复杂度和深刻性连人类自己都无法完全参透，更非目前的 AI 所能理解。因此，如果寄希望于 AI 能自动高效地创作出用于人类的，既有趣又有益的教育游戏或娱教产品，未免为时尚早又过于乐观；另一方面，如果能适当提炼人类独特的感性经验中的"趣味性和体验感"的发生原理和运作机制，将之整合进强调"逻辑性和系统性"的严谨知识之中，再以最新的人工智能和 VR/AR 等技术进行具体的辅助设计和开发，则有可能创造出某种既有趣又有益、既有温度又有深度的新型学习环境。

参考文献

中文

［荷］约翰·赫伊津哈：《游戏的人：文化的游戏要素研究》，傅存良译，北京大学出版社 2014 年版。

［加］桑德拉·切卡莱丽、诺兰·怀特：《心理学最佳入门》（原书第 5 版），周仁来等译，中国纺织出版社 2021 年版。

［美］Mark F. Bear、Barry W. Connors、Michael A. Paradiso：《神经科学——探索脑》（第四版），朱景宁、王建军主译，电子工业出版社 2023 年版。

［美］安东尼奥·达马西奥：《当自我来敲门：构建意识大脑》，李婷燕译，北京联合出版有限公司 2018 年版。

［美］戴维·H. 乔纳森主编：《学习环境的理论基础》，郑太年、任友群译，华东师范大学出版社 2002 年版。

［美］丹尼尔·利伯曼、迈克尔·E. 朗：《贪婪的多巴胺》，郑李垚译，中信出版集团 2021 年版。

［美］冯·贝塔朗菲：《一般系统论：基础、发展和应用》，林康义、魏宏森等译，清华大学出版社 1987 年版。

［美］莱斯利·P. 斯特弗、杰里·盖尔主编：《教育中的建构主义》，高文等译，华东师范大学出版社 2002 年版。

［美］迈克尔·S. 加扎尼加、理查德·B. 伊夫里、乔治·R. 曼根：《认知神经科学：关于心智的生物学》，周晓林、高定国等译，中国轻工业出版社 2023 年版。

［美］迈克尔·S. 加扎尼加：《人类的本质》，彭雅伦译，浙江教育出版社 2022 年版。

［美］米哈里·契克森米哈赖：《生命的心流》，陈秀娟译，中信出版社 2009 年版。

［美］米哈里·契克森米哈赖：《心流：最优体验心理学》，张定绮译，中信出版集团 2017 年版。

［美］约翰·杜威：《民主主义与教育》，王承绪译，人民教育出版社 2001 年版。

［瑞士］皮亚杰：《皮亚杰教育论著选》，卢濬选译，人民教育出版社 2015 年版。

［瑞士］让·皮亚杰：《儿童的心理发展：心理学研究文选》，傅统先译，山东教育出版社 1982 年版。

顾培亮编著：《系统分析与协调》，天津大学出版社 1998 年版。

钟志贤：《面向知识时代的教学设计框架——促进学习者发展》，中国社会科学出版社 2006 年版。

邓鹏：《心流：体验生命的潜能和乐趣》，《远程教育杂志》2006 年第 3 期。

祝智庭、邓鹏、孙莅文：《娱教技术：教育技术的新领地》，《中国电化教育》2005 年第 5 期。

林谊杰：《电玩成瘾倾向及其相关因素研究》，硕士学位论文，中原大学心理学系，2003 年。

英文

American Psychiatric Association, *Diagnostic and Statistical Manual of Mental Disorders* (Fifth Edition), Washington, DC: American Psychiatric Association, 2013.

Csikszentmihalyi, M., *Beyond Boredom and Anxiety*, San Francisco: Jossey-Bass, 1975.

Csikszentmihalyi, M. & Csikszentmihalyi, I. S. , *Optimal Experience: Psychological Studies of Flow in Consciousness*, Cambridge: Cambridge University Press, 1988.

Gee, J. P. , *What Video Games Have to Teach Us about Learning and Literacy*, New York: Palgrave/Macmillan, 2003.

Lazarus, R. S. , *Psychological Stress and the Coping Process*, New York: McGraw-Hill, 1996.

Marlatt, G. A. , et al. , *Relapse Prevention: Maintenance Strategies in the Treatment of Addictive Behaviors*, New York: Guilford Press, 2005.

Blume, S. B. , "Pathological Gambling: Addiction without a Drug", In: Class, I. B. ed. , *The International Handbook of Addiction Behaviour*, London & New York: Tavistock/Routledge, 1991.

Buckingham, D. & Scanlon, M. , "That is Edutainment: Media, Pedagogy and the Market Place", *Paper Presented to the International Forum of Researchers on Young People and the Media*, Sydney, 2000.

Malone, T. W. & Lepper, M. R. , "Making Learning Fun: A Taxonomy of Intrinsic Motivations for Learning", In: R. W. Snow, et al. , eds. , *Aptitude, Learning and Instruction III: Cognitive and Affective Process Analysis*, Hillsdale, NJ: Lawrence Erlbaum Associates, 1987.

Young, K. S. , "Internet Addiction: Symptoms, Evaluation, and Treatment", In: Creek, L. V. & Jackson, T. L. , eds. , *Innovations in Clinical Practice: A Source Book*, Sarasota, FL: Professional Resource Press, 1999.

Goldberg, I. , "Internet Addiction Disorder (IAD)", *Social and Behavioral Sciences*, Vol. 191, No. 2, 2015.

Griffiths, M. , et al. , "The UK National Telephone Gambling Helpline-Results on the First Year of Operation", *Journal of Gambling Studies*, Vol. 15, 1999.

Marks, I. , "Behavioural (Non-Chemical) Addictions", *British Journal of Addiction*, Vol. 85, No. 11, 1990.

Orford, J., "Addiction as Excessive Appetite", *Addiction*, Vol. 96, No. 1, 2001.

Young, K. S., "Internet Addiction: Evaluation and Treatment", *Student British Medical Journal*, Vol. 7, 1999.

附　录

上网成瘾（IAD）判定准则

参照美国精神病学协会出版的《精神障碍诊断与统计手册》（第四版）（DSM-IV）中关于病态性赌博的判定准则，美国学者金伯格（Goldberg）和杨（Young）分别给出了各自的上网成瘾判定准则。

（一）金伯格制定的判定准则

金伯格（Goldberg）认为，在 12 个月之中，某互联网使用者如果具有以下 3 项或以上症状时，则可以判定患上了 IAD。

附表—1　　　　　　　　　金伯格的网络成瘾症判定准则

1. 耐受性 Tolerance	为获得满足，需要显著地增加互联网使用时间			
	同样的连续互联网使用时间，但效果明显减少			
2. 戒断症状 Withdrawal （具有 A 或 B 的症状之一）	A. 具有戒断综合征的 3 个特征	a. 停止（或减少）已经加重和延长的互联网的使用		
		b. 具有右侧两种（或以上）特征	I. 心因运动性兴奋	
			II. 焦虑	
			III. 过度沉迷于考虑互联网上所发生的事物	
			IV. 对互联网产生幻觉或梦想	
			V. 自觉或不自觉的手指运动	
		c. 准则 b 中所描述的症状对社会职业和其他功能领域产生干扰和损害		
	B. 把互联网或类似的在线服务作为避免戒断症状出现、或从其中恢复的手段			
3. 上网时间总是远远超出预计				
4. 经常想断绝或控制互联网的使用，但总是不成功				

5. 花费大量的时间用于和上网相关的活动（例如：购买上网书籍，尝试新的 WWW 浏览器、寻找网络销售商以及整理下载的文件等）
6. 因为上网而放弃重要的家庭、社会、职业和休闲活动或减少其时间和频率
7. 尽管已经意识到具有持续性或周期性的由上网引起或加重的身体、家庭，社会、职业和心理性的问题（例如：失眠、失约、婚姻问题、忽视职业责任或对其他重要事务有放弃的心理），但还是继续上网

（二）杨制订的判定准则

杨（Young）也制订了一个问卷来判定是否上网成瘾[①]，该问卷包含 8 个问题，当受访者的答案有 5 个以上为"是"，且其行为又不能用"狂躁症"（Manic Episode）来很好地解释时，则可以判定为上网成瘾。问题如下：

（1）上网时，你是否觉得自己完全被互联网所占据？

（2）你是否觉得必须增加上网时间才能获得满足？

（3）你是否曾试图控制、减少或停止上网，但又总是徒劳无功？

（4）当快要关机或下线时，你是否觉得心绪不宁、闷闷不乐、情绪低沉或易怒？

（5）你上网时间是否往往比原先预期要来得更长？

（6）上网是否让你面临丧失重要的人际关系、工作、教育或生涯规划方面的机会的危险？

（7）你是否曾向家人、医生或其他人撒谎以隐瞒你上网过度的情况？

（8）你是否把上网当作逃避问题或消除无助、负疚、焦虑或郁闷等情绪的手段？

---

① Young, K. S., "Internet Addiction：Evaluation and Treatment", *Student British Medical Journal*, No. 7, 1999, p. 351.